受験する前に知っておきたい

小学校教員の専門常識・基礎知識

監修　早稲田大学教育・総合科学学術院教授　藤井千春

つちや書店

はじめに

小学校教員に必要な知識とは?

　本書は小学校教員を目指す人のための本です。小学校教員という職業は、あなたが人生の長きにわたって関わり、人を育むという重要な職業です。小学校教員になるために必要な知識や心構え、採用試験に役立つ問題など、これだけは押さえておきたいという情報をコンパクトにまとめましたので、この1冊があれば、必要な専門常識と基礎知識が身につきます。

本書の特徴❶　小学校教員になるための準備ができる

　小学校教員になるために「何を学べばよいのか」が具体的に見えてきます。
　また、教員という職業がどのようなものなのか理解して進むのと、しないで進むのでは、心構えが違ってきますから、本書で小学校教員になるまでにすべきこと、なってからのことを事前に学び小学校教員合格を目指しましょう。

本書の特徴❷　面接試験の場でアピールできる

　小学校教員の採用には面接試験があります。面接担当者は、小学校教員の専門常識や基礎知識を当たり前のように質問してきます。気合と根性だけで合格を勝ち取ることは難しいでしょう。小学校教員の仕事についてどれだけ理解しているかが合否をわけるのです。

本書の特徴❸　小学校教員になったときに役立つ知識

　事前に知識を習得しておけば、実際に小学校教員になったときに役立ちます。まったく違う世界に飛び込むとき、人は不安でいっぱいになり、本来の力を発揮できないことがよくあります。しかし、あらかじめ知識や情報を得ていれば、その不安は軽減されます。なぜならば、仕事の意味とやるべきことが理解できているからです。

小学校教員を目指すあなたが本書を活用すれば、100％の力を発揮して受験に臨むことができるでしょう。本書が将来、小学校教員として活躍するあなたの一助となれば幸いです。

早稲田大学教育・総合科学学術院教授

藤井　千春

本書の使い方

　本書は大きく「専門常識」と「一般知識」と「総まとめ問題集」にわけることができます。

専門常識…小学校教員に関する知識や学校教育や現場での専門的な常識。
　　　　　（Chapter 1～4）
一般知識…小学校教員の仕事と結びつきの強い、広く知られている知識。
　　　　　（Chapter 5～7）
総まとめ問題集…採用試験直前のこれだけは押さえておきたい問題。
　　　　　（Chapter 8）

　以下、それぞれの章の概要と活用法です。

Prologue　知っておくべき基礎の基礎
小学校教員になる前に知るべき知識をまとめています。どんなことを知っておくべきか、ここで確認しましょう。

Chapter 1　小学校教員の専門常識その1　小学校教員とは
小学校教員とはどのような人・立場にあるのかをまとめています。将来のキャリアアップがイメージできるよう紹介しています。

Chapter 2　小学校教員の専門常識その2　小学校教員の待遇
小学校教員の給与や休日、年金、退職金などの待遇に関する情報をまとめています。出産・育児休業や組合制度など、女性が働きやすい職業であることが見えてきます。

Chapter 3　小学校教員の専門常識その3　小学校教員の仕事
小学校教員の仕事についての情報をまとめています。このような情報から、小学校教員になって働く自分を具体的に想像してみましょう。

Chapter 4　小学校教員の専門常識その4　小学校教員になるために
小学校教員になるために必要な資格、勉強法をまとめています。自分の理想とする教師像を見つけるための参考にもなります。

Chapter 5　覚えておきたい一般知識　社会・時事

社会で注目されている、小学校教育に関するキーワードを解説しています。論作文や面接で役立つだけでなく、小学校教員になってからも役立ちます。

Chapter 6　覚えておきたい一般知識　法律

一般常識として覚えておくべき法律をまとめました。小学校を取り巻くさまざまな社会状況を理解し、論作文や面接の準備につなげましょう。

Chapter 7　覚えておきたい一般知識　指導

小学校教員として知っておきたい基本的な法律をまとめています。最低限の知識として学びましょう。

Chapter 8　総まとめ問題集

本書の内容を総復習できる問題をまとめました。受験の最終チェックにも最適です。

理解度チェック問題ページ

Chapter1～7の最後には理解度チェック問題があり、それぞれのChapterを復習することができます。おさらいをしてから次のChapterへ入ることを、おすすめします。

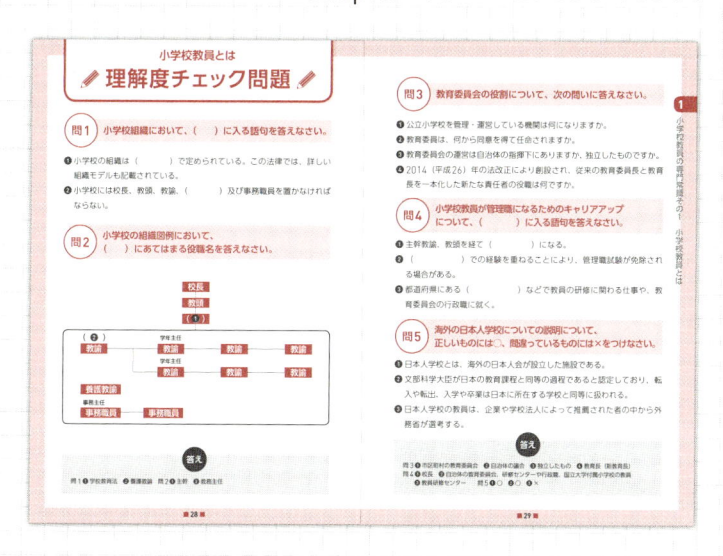

CONTENTS

はじめに ……………………………………………………………… 2
本書の使い方 ………………………………………………………… 4

Prologue 知っておくべき基礎の基礎

小学校教員に必要な知識 …………………………………………… 10
小学校教員に必要な資格 …………………………………………… 12
小学校教員に必要な資質能力 ……………………………………… 14
小学校教員知識チェックリスト …………………………………… 16
Column 1 小学校教員インタビュー① …………………………… 18

Chapter1 小学校教員の専門常識その1　小学校教員とは

小学校の組織 ………………………………………………………… 20
教えるにとどまらないキャリアアップ例 ………………………… 22
教育に関する法律 …………………………………………………… 24
職員室での仕事、働く人 …………………………………………… 26
理解度チェック問題 ………………………………………………… 28
Column 2 小学校教員インタビュー② …………………………… 32

Chapter2 小学校教員の専門常識その2　小学校教員の待遇

給与と手当 …………………………………………………………… 34
休日と産休、育児休暇 ……………………………………………… 36
共済組合と年金制度 ………………………………………………… 38
理解度チェック問題 ………………………………………………… 42
Column 3 小学校教員インタビュー③ …………………………… 46

Chapter3 小学校教員の専門常識その3　小学校教員の仕事

小学校教員が受け持つ仕事 ………………………………………… 48
小学校教員の仕事例 ………………………………………………… 50
学級担任 ……………………………………………………………… 52

研修の義務 …………………………………………… 54
授業以外の時間の使い方 …………………………… 56
理解度チェック問題 ………………………………… 60
Column 4 小学校教員インタビュー④ ……… 64

Chapter4 小学校教員の専門常識その4　小学校教員になるために

教員が持つべき資格 ………………………………… 66
教員免許状の種類 …………………………………… 68
特殊な免許状 ………………………………………… 70
小学校教員の免許について ………………………… 72
教育実習 ……………………………………………… 74
教員採用試験 ………………………………………… 76
一般教養・教職教養 ………………………………… 80
採用面接 ……………………………………………… 82
実技試験と論作文試験 ……………………………… 84
臨時採用教員と私立学校の教員採用 ……………… 86
理解度チェック問題 ………………………………… 88
Column 5 小学校教員の電話対応 …………… 92

Chapter5 覚えておきたい一般知識　社会・時事

学校教育の歴史 ……………………………………… 94
学校教育の変遷 ……………………………………… 96
学力と教育力 ………………………………………… 98
いじめ ………………………………………………… 100
不登校 ………………………………………………… 102
虐待 …………………………………………………… 104
学級崩壊 ……………………………………………… 106
体罰 …………………………………………………… 108
学校に対するクレーム ……………………………… 110
発達障害のある子どもをめぐる動向 ……………… 112
自閉症 ………………………………………………… 114
性同一性障害 ………………………………………… 116
教員の育成 …………………………………………… 118

少人数学級	120
教育心理学	122
諸外国との教育比較	124
21世紀型能力	126
人権教育のあり方	128
総合的な学習の時間の活用	130
アクティブ・ラーニング	132
理解度チェック問題	134
Column 6 子どものアレルギー	138

Chapter6　覚えておきたい一般知識　法律

地方公務員法	140
児童福祉法	142
小学校教員に関係のあるその他の法律	144
理解度チェック問題	150
Column 7 スマートフォンの普及で増えた"いじめ"とは	154

Chapter7　覚えておきたい一般知識　指導

小学校教育の指導法	156
特別活動	158
学級活動と児童活動	160
クラブ活動	162
学校行事	164
校外学習の選定と注意点	166
理解度チェック問題	168
Column 8 小学校教員の教材研究	172

Chapter8　小学校教員の専門常識・基礎知識　総まとめ問題集

小学校教員の専門常識・基礎知識　総まとめ問題集	174

索引	188
おわりに	191

Prologue

知っておくべき基礎の基礎

授業で教科を教えるだけでなく、登校から下校まで子どもたちと時間をともにし、生活全般について指導をするのが小学校教員です。何を知る必要があるのか、どんな資質が求められるのか、なぜ、小学校教員になる前にそれらを知るべきなのか。まずは、ここから始めましょう。

> 小学校教員になるためにすべきことはどんなことでしょう？ 小学校教員に求められる資質を学び自分に当てはめて考えてみれば、自分に何が足りないのかが見えてきます。採用試験のための勉強だけでなく、心を高める努力も大切です。

| Prologue | 知っておくべき基礎の基礎 |

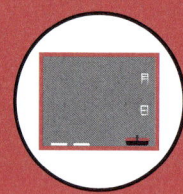

小学校教員に必要な知識

- 小学校教員になるためには幅広い知識が必要
- 採用試験は一般知識や専門知識、教育心理学や法律関係からも出題される

幅広い分野の知識が必要

　小学校教員採用試験の対策に、問題集を解くだけの勉強では不十分でしょう。教科の知識に加えて、時事、社会、法律に関する幅広い知識が必要になりますから、本書の「覚えておきたい一般知識　社会・時事」（P.93）や、「覚えておきたい一般知識　法律」（P.139）を基に知識を広げていきましょう。知識を広げていき理解を深めることが、**教職教養試験、論作文や面接、集団討論**などに役立つのです。

よい影響を与える存在になるための努力

　子どもたちは影響を受けやすい存在です。教員の何気ないひと言に深く傷ついてしまったり、やる気を失ったりすることがあります。教員の癖を真似てしまうこともあるでしょう。小学校教員は子どもたちと一緒にいる時間が長いため、子どもの家族とともに大きな影響を与える大人の1人であることを自覚しましょう。

　ですから、教員自身が子どもたちのよいお手本となる必要があります。そのためには、何が必要でしょうか？　社会で守るべきルールを知っておくことも大切ですし、教育環境を取り巻く状況や変化を常に学ぶことも忘れてはいけません。

　教員が置かれている現状や立場、仕事の内容を知り、子どもたちによい影響を与えられる大人になる努力が常に求められます。

小学校教員に関するQ&A

以下、よくある質問にお答えします。

Q1. 小学校教員になるにはどうすればよいのでしょうか？

Chapter4（P.65）で詳しく解説しますが、まずは教育職員免許法に定められた科目と単位を取得し、小学校教員の免許状の取得を目指しましょう。免許取得後、都道府県政令指定都市が実施する教員採用試験に合格すれば、教員になれます。

Q2. 採用試験に合格しても採用されないと聞きましたが？

教員採用試験に合格すると採用候補者名簿に登載されます。教員採用試験の合格者はあくまで採用候補者であって、小学校教員として採用される資格を得たにすぎません。ですから、採用試験に合格しても採用されないことは十分にあり得ますが、ここであきらめる必要はありません。40歳を超えて教員になった人もいます。

Q3. 二次採用試験ではどんなことをするのでしょうか？

二次試験は面接が中心です。自治体によっては模擬授業や集団討論をするところもあります。一次試験の成績は、二次試験では加味しないという方針が主流ですので、二次試験の対策にも力を入れましょう。

MEMO : なぜ教員になりたいのかを考えよう

　二次試験の面接でよく聞かれるのが教員志願の動機です。「あなたはなぜ教員になりたいのですか？」と質問されて何と答えますか？　とっさに考えてもなかなか浮かんでは来ません。面接で聞かれてもすぐに答えられるように、じっくりと考えておきましょう。

Prologue 知っておくべき基礎の基礎

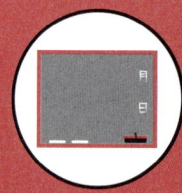

小学校教員に必要な資格

- 小学校教員になるには国家資格「教育職員免許状」が必要
- 教員免許状にはいろいろな種類があることを知る

小学校教諭普通免許状

小学校の教員になるためには**教育職員免許状**が必要です。一般に教員免許と呼ばれているもので、**教育職員免許法**に定められている国家資格にあたります。教員免許は大きく分けて、**普通免許状、特別免許状、臨時免許状**の3種類があります。このうち、大学の教職課程で取得できるのが、**普通免許状**です。

この**普通免許状**は、次の7つに分類されます。

❶ 幼稚園教諭普通免許状　❷ 小学校教諭普通免許状　❸ 中学校教諭普通免許状
❹ 高等学校教諭普通免許状　❺ 特別支援学校教諭普通免許状　❻ 養護教諭普通免許状
❼ 栄養教諭普通免許状

小学校教員を目指すあなたに必要な資格は、「小学校教諭普通免許状」です。

10年ごとに免許の更新が必要

普通免許状は、修学レベル（次ページ参照）によって3つに区分されていますが、どの免許状でも小学校の教員になることはできます。

ただし、10年ごとに免許を更新することが法律で義務づけられており、更新時には講習を受けなければいけません。

普通免許状の種類と修学レベル

普通免許状の種類と修学レベルは次の通りです。

普通免許状の種類	修学レベル
専修免許状	大学院　修士課程
一種免許状	大学卒業　学士課程
二種免許状	短期大学卒業　短大学士課程

採用試験について

　大学で教員免許状を取得したら、都道府県・政令指定都市が実施する教員採用試験を受ける必要があります。この試験の正式名称は、**公立学校教員採用候補者選考試験**といい、公立の小学校教員になるためにはどうしても通らなければいけない関門にあたります。ちなみに、私立教員を目指す場合、この採用試験を受ける必要はありません。試験形態、試験科目はそれぞれの学校によって異なります。

　難関といわれる採用試験ですが、実際は大都市部を中心にして採用者数は増加しているのが現状です。理由は少人数学級が進んでいることと、大量の定年退職者があること、大都市部では人口が増加していることなどがあげられます。

> 採用試験についてはP.76から詳しくお話ししますので心配いりません。大切なのは「小学校教員になる」という情熱です。「意志のあると所には道がある」のですよ。

MEMO : 教員養成系の大学以外で免許を取得する方法も

　小学校の教員免許状取得者は、教員養成系大学の卒業生が多い傾向にあります。いわゆる教員養成課程のある国立大学の教育養成学部や、小学校教員養成課程が設置されている私立大学の教育学部、短期大学の(初等/児童)教育学科などです。
　しかし、それ以外でも教員免許状を取得することができます。通信制大学の通信教育課程ほか、大学の教職課程に入らなくても「小学校教員資格認定試験」に合格すれば、教員免許は取得できます。

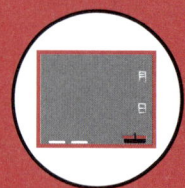

Prologue 知っておくべき基礎の基礎

小学校教員に必要な資質能力

● 教員に適した人材とはどのようなものかを理解する
● 小学校教員に求められる適性を知る

どこでも模範となるべき存在

　かつて教員は、子どもたちを教え導くことから「聖職者」と呼ばれることもありました。教員とは「清く正しく生きる」というイメージがあったためです。小学校教員は、父兄からも地域からも、もちろん学校からも**子どもたちの模範であること**が求められます。不謹慎な行為をしようものなら厳しく罰せられます。

　しかし「聖職者であらねばならない」と堅く考えすぎた結果、精神的に追い詰められてしまうこともあるようです。精神疾患で休職する小学校教員も少なくありません。心持のバランスも大切な職業と言えるでしょう。

教育に対する情熱と人間力

　「教員に適した人」とはどのような人でしょうか。いわゆる適性です。清く、正しく、まじめな人が適任と思いがちですが、まじめさだけでなく、考え方に柔軟性があることも大切です。

　教育現場には、さまざまな課題が山積しています。いじめやひきこもり、家庭環境でさまざまな問題を抱える子どもと関わりを持つだけでなく、要望の多い保護者への対応、書類作成など、仕事は多岐にわたります。**教員には、そうした課題や障害に負けないだけの、情熱と人間力が不可欠**なのです。

教員に求められる資質能力

小学校教員に求められる資質能力は次の通りです。

いつの時代にも求められる資質能力
- 教育者としての使命感
- 人間の成長・発達についての深い理解
- 子どもに対する教育的愛情
- 教科などに関する専門的知識
- 広く豊かな教養
- コミュニケーション力

↓

これらに基づく実践的指導力

＋

今後、特に求められる資質能力
① 地球的視野に立って行動するための資質能力
・地球、国家、人間などに関する適切な理解
・国際社会で必要とされる基本的な資質能力

② 変化の時代を生き抜く資質能力
・課題探究能力に関するもの
・社会の変化に適応するための知識及び技能

③ 教員の職務から必然的に求められる資質能力
・子どもや教育の在り方についての適切な理解

↓

- **教員の仕事に対する強い情熱**
  教員の仕事に対する使命感や誇り、子どもに対する愛情や責任感など
- **教育の専門家としての確かな力量**
  子ども理解、子どもへの指導力、集団指導の力、学級づくりの力など
- **総合的な人間力**
  豊かな人間性や社会性、常識と教養、礼儀作法、コミュニケーション能力など

自分がすでに持ち得ている能力、足りない能力について把握できましたか？ あせらず、少しずつ足りない資質能力を身につけるように今から努力していきましょう。

MEMO　学びと成長

　あなたがもし、自分には教員になるための資質も能力もないと思っているとしても、それはあなたの努力で補うことができます。学んで成長する過程で、立派な教員になっていくのです。学ぶためには積極的に本を読んだり、先輩の話を聞くようにしましょう。実践し経験を積むことで、あなたはどんどん成長していきます。
　現場の教員たちも次の4つの領域のことで悩み、常に学習し、成長しているのです。
　1）授業　2）生活指導　3）学級経営　4）子どもの心の把握

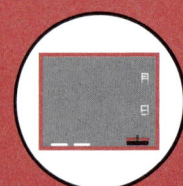

Prologue 知っておくべき基礎の基礎

小学校教員知識チェックリスト

● 自分がどの程度、小学校教員に関する知識を理解しているのか把握する
● 本書を終えて、すべての項目が理解できているようにする

知っていること、知らないことを把握する

　小学校教員を目指す人ならば、小学校教員についてさまざまなことを調べている人も多いでしょう。一般常識としてあたり前に理解していることもあると思いますが、意外に知らないこともあるはずです。まずは自分がどの程度、教員に必要な知識、または教員の仕事に関する理解があるのかを、下記のチェックリストを使って確認してみましょう。そして、本書を読み進んだ最後には、すべての項目を理解し、チェックができるようにしましょう。

CHECK 小学校教員について

- ☐ 小学校教員の組織について説明できますか？
- ☐ 小学校教員のキャリアアップ例を説明できますか？
- ☐ 小学校教員に関係のある法律にはどんなものかを理解していますか？

➡ Chapter1（P.19〜）をチェック

CHECK 小学校教員の待遇

- ☐ 小学校教員の給与・休業や待遇について理解していますか？
- ☐ 小学校教員の休暇には、どのような制度がありますか？
- ☐ 小学校教員の福利厚生にはどのようなものがありますか？

➡ Chapter2（P.33〜）をチェック

CHECK 小学校教員の仕事

- ☐ 小学校教員が受け持つ仕事について理解していますか？
- ☐ 小学校教員の1日のスケジュールをイメージできますか？
- ☐ 小学校教員の授業や生活指導以外の仕事をあげられますか？

➡ Chapter3（P.47～）をチェック

CHECK 小学校教員になるには

- ☐ 小学校教員免許状について理解できていますか？
- ☐ 教員採用試験について説明できますか？
- ☐ 小学校教員免許状を取得する方法を知っていますか？

➡ Chapter4（P.65～）をチェック

CHECK 一般知識　社会・時事

- ☐ 学校教育の歴史について理解していますか？
- ☐ 学級で起こり得る問題をイメージできますか？
- ☐ 子どもが成り得る、精神疾患を説明できますか？
- ☐ 柔軟性のある人材を育てるための取り組み方を知っていますか？

➡ Chapter5（P.93～）をチェック

CHECK 一般知識　法律

- ☐ 小学校教員に関わる地方公務員法を理解していますか？
- ☐ 子どもに関わるさまざまな法律を理解していますか？

➡ Chapter6（P.139～）をチェック

CHECK 一般知識　指導

- ☐ 初等教育の指導法について説明できますか？
- ☐ クラブ活動の目的を理解していますか？

➡ Chapter7（P.155～）をチェック

Column 1

小学校教員インタビュー①
Q. 小学校教員になるまで知らなかった教員常識はありますか？

神奈川県 Aさん

こんなにも体力を使う仕事だとは思いませんでした。子どもたちの相手をするには、スポーツ選手なみの体力が必要です。また、子どもたちは想定外の行動や質問をするので、瞬時に判断し実行しなければならないことも多く、精神的にもかなり疲れます。体力と精神力を維持するためにも、食事や運動、規則正しい生活を心がけています。

埼玉県 Bさん

思っていた以上に授業の準備に時間がかかることです。大学時代に、思い描いていた理想の授業は、子どもたちそれぞれの可能性を引き出す授業をすることでした。実際に教員になってみると、考えたり、取り入れたりする余裕はなく、毎日の授業の準備に追い回されています。

東京都 Cさん

教員になる前は子どもたちとの接し方ばかり考えていました。でも、いざ教員になってみると、教員同士のコミュニケーションがとても重要だというのがわかりました。教員は、同僚であり先輩であり上司でもあります。授業の進め方や子どもへの接し方など、指導を受けたり悩みを相談したり、アドバイスを受けたり、職員室でのコミュニケーションは重要です。

Chapter 1

小学校教員の専門常識　その１
小学校教員とは

小学校教員の仕事は、子どもを指導することです。しかし、学校が社会的な組織である以上、社会人として、組織の一員としての行動も強く求められます。小学校が、社会的にどのような組織なのか、子どもを導く根拠になる考えはなにか。組織や法律についても理解しましょう。

> 小学校教員は学校を運営する立場でもありますから、自分が小学生の頃に経験した「学校」とは違った側面が見えてきます。子どもへの教育が主な仕事ですが、学校組織の働きを知り、対応していく能力も必要になります。

| Chapter 1 | 小学校教員の専門常識その1　小学校教員とは |

小学校の組織

- 小学校の組織について把握する
- 学校教育法を理解する

組織と役割

　小学校の組織は学校教育法で定められています。学校教育法では、「小学校には、校長、教頭、教諭、養護教諭及び事務職員を置かなければならない（学校教育法第三十七条）」とあります。これらのほか、主な職務の内容は以下の通りです。

校　　長　学校全体の教育、職員、施設、事務の管理のほか、職員の仕事内容や、生活態度を監督。

教　　頭　校長の補佐と、子どもの教育を実際に担当する教員と校長とのパイプ役（地域によっては「教頭」ではなく「副校長」とする）。

主幹教諭　校長や教頭の指示を受け、学校全体に関わる仕事のとりまとめや、教諭の意見の調整、育成。

教務主任　主幹教諭が教務主任を担当することが一般的。学校全体の年間行事の計画や、教育計画を立てる。

学年主任　同じ学年を受け持つ、教諭のリーダー。

教　　諭　子どもに教育をおこなう。小学校教員はこの教諭にあたる。

養護教諭　保健室の教諭。子どものけがや病気に対する応急処置をおこなう。そのほか、学級担任と協力した保健指導も行う。

事務職員　総務・人事・財務・福利厚生など、学校運営に関するすべての実務をおこなう。

組織図

一般的な小学校組織図は次の通りです。

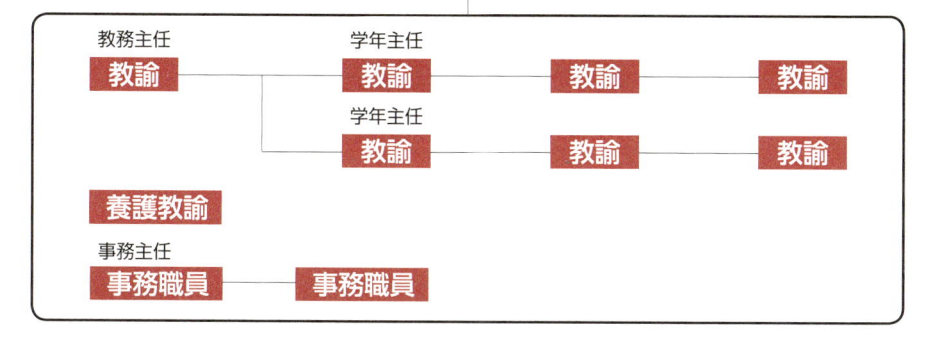

```
                    校長
                    教頭
                    主幹
─────────────────────┼─────────────────────
 教務主任        学年主任
  教諭 ──────── 教諭 ──── 教諭 ──── 教諭
           │  学年主任
           └─ 教諭 ──── 教諭 ──── 教諭

  養護教諭
 事務主任
  事務職員 ─── 事務職員
```

教育委員会の役割

　公立小学校は、**教育委員会が管理・運営**をしており、すべての市区町村にあります。委員会は、**自治体から独立した行政機関**で、所管にある学校の設置、管理や廃止、教育委員会やそのほかの教育機関の職員の任免、そのほかの人事に関しての運営を担います。

　委員は自治体議会の同意を得て任命され、任期は4年です。

> **MEMO　教育委員会制度の改革**
>
> 　教育委員会制度の改革により、教育長と教育委員会長を一本化した新たな責任者「新教育長」が2015（平成27）年より置かれることになりました。新教育長は、地方自治体の首長が議会の同意を得て任命・罷免をすることができ、任期は3年です。
> 　また、地方自治体の首長の権限が強化され緊急事態にも的確に対応できるようになりました。首長が主宰し、構成員が教育委員会の「総合教育会議」では、校舎の耐震化や学校の統廃合など、教育行政の基本方針を決定します。

1　小学校教員の専門常識その1　小学校教員とは

Chapter 1　小学校教員の専門常識その1　小学校教員とは

教えるにとどまらないキャリアアップ例

- 小学校教員の将来に広がる選択肢と可能性
- 海外で日本人学校の教員として働くこともできる

さまざまな選択肢で広がるキャリアアップ

　小学校教員の将来には**さまざまな選択肢**があります。主幹教諭、教頭を経て校長になるキャリアアップは一般的な昇進コースです。そのほか、自治体の教育委員会で各学校を指導したり、各都道府県に設置されている教員研修センターで教員の研修に関わったり、行政職に就くこともできます。また、国立大学附属小学校の教員や、海外の日本人学校の教員になることも可能です。

管理職試験でステップアップ

　主幹教諭、教頭や校長へのキャリアアップには、自治体の**管理職試験の合格**が必須ですが、教育委員会、研修センターや行政職、国立大学附属小学校の教員の経験を重ねることで、試験を免除される場合があります。管理職試験の受験資格は各自治体で異なるので、確認してみましょう。

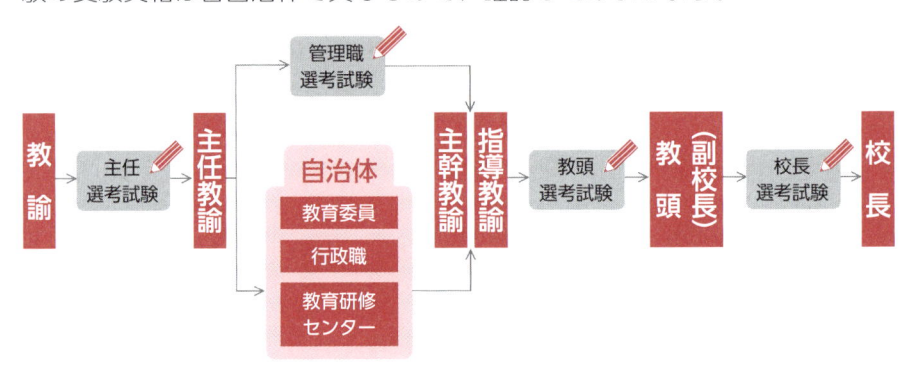

教諭 → 主任選考試験 → 主任教諭 → [管理職選考試験] → 自治体（教育委員／行政職／教育研修センター）→ 主幹教諭 → 指導教諭 → 教頭選考試験 → 教頭（副校長）→ 校長選考試験 → 校長

日本人学校の教員になるには

日本人学校とは、海外の日本人会（海外に在住する日本人の交流会）が設立した施設で、学校教育法で定義する学校ではありません。しかし、文部科学大臣が「日本の教育課程と同等の過程」と認定しているので、転入や転出、入学や卒業が日本の学校と同等に扱われます。

文部科学省は、海外でも日本と同等の教育をおこなうため、在外教育施設へ派遣教員制度により教員を派遣しています。日本人学校の教員は、文部科学省が自治体や学校法人の推薦者から選考し、最大2年の任期で海外の日本人学校へ派遣します。

派遣教員制度の仕組み

海外の日本人学校への派遣教員制度の仕組みは次の通りです。

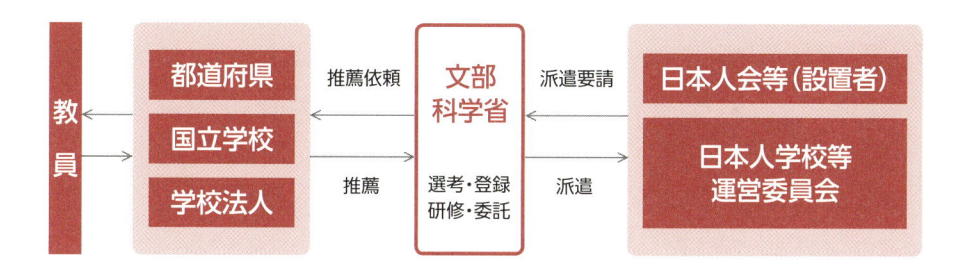

教員			文部科学省		日本人会等（設置者）
←	都道府県	←推薦依頼	選考・登録	派遣要請→	日本人学校等
←	国立学校		研修・委託		運営委員会
←	学校法人	推薦→		派遣→	

📖 MEMO： 校長・教頭（副校長）になるには

文部科学省の教育職員養成審議会「養成と採用・研修との連携の円滑化 第3次答申 1999（平成11）年」では、管理職に求められる資質・能力が記述されています。それによると「地域や子どもの状況を踏まえた創意工夫をこらした教育活動を展開するため」のリーダーシップ、関係各者との折衝能力、学校全体の運営をするマネジメント能力が必要、と提示されています。管理職試験は、その役職にふさわしい資質を備えている人物かどうかを見極める試験だということを理解しておきましょう。

Chapter 1　小学校教員の専門常識その1　小学校教員とは

教育に関する法律

- 採用試験対策として必須の知識
- 子どもの指導には、法律の正しい理解が不可欠

日本国憲法によって定められた教育

　教育に関する法令はさまざまありますが、**基本とする法律は日本国憲法**です。日本国憲法は、国をまとめるための理念です。義務教育は、第二十六条の「教育を受ける権利」「教育を受けさせる義務」により保障されています。

日本国憲法のうち、教育に関する項目

第二十三条	「学ぶことの自由保障」	第二十六条	「教育を受ける権利」
第二十条 一項	「国の宗教活動の禁止」	第二十六条 二項	「義務教育を受けさせる義務」

教育基本法・学校教育法

　教育基本法は、1947（昭和22）年に日本国憲法とともに制定、施行された法律です。国際化、少子高齢化など、我が国の社会状況の変化に対応するため、2006（平成18）年に一部改正されました。
　一方、**学校教育法**は、学校の種類と各学校の目標、目的を定めた法律です。教育基本法と同じく、日本国憲法と同時期に制定、施行されました。

👉 こんな場面で役立つ！

教員採用試験	教職教養試験では法律の問題が多く出題される。教育に関する法律は必須の知識。
教育現場	法律とは国の目指す方向性を規則にしたもの。法律を学ぶことで、国の方針を理解できる。

教育基本法

教育基本法とは、18の条文から成る日本国憲法の理念に基づいた、我が国の教育理念や制度に関する基本的なことを定めた法律です。

教育基本法	
前　文：教育理念	日本国憲法の精神に則った教育基本法の理念。
第一条：教育の目的	日本の教育の目的。
第二条：教育の目標	日本の教育の目標。
第三条：生涯学習の理念※	生涯学習の支援と、目指す社会。
第四条：教育の機会均等	すべての国民へ、能力に応じた教育を受ける機会を与える規定。
第五条：義務教育※	義務教育を受けさせる義務。義務教育の目的。義務教育実施の責任者。
第六条：学校教育※	学校設置者の規定。学校教育は体系的・組織的におこなわれるべきという規定。
第七条：大学※	大学の役割。
第八条：私立学校※	私立学校の役割。
第九条：教員	教員の使命と職責の規定。教員の身分保障。
第十条：家庭教育※	父母の子どもの教育における責任。家庭教育を支援する、国および地方自治体の役割。
第十一条：幼児期の教育※	国および地方自治体の、幼児教育における役割。
第十二条：社会教育	社会教育における国および地方自治体の役割。
第十三条：学校、家庭及び地域住民等の相互の連携協力※	教育における学校、家庭および地域住民そのほかの関係者の相互連携協力について。
第十四条：政治教育	学校における政治的教養の尊重と、学校の政党支持と政治活動の禁止。
第十五条：宗教教育	宗教に関する寛容の態度や一般的な教養などの尊重。公立学校における特定の宗教教育や宗教的活動の禁止。
第十六条：教育行政※	教育行政の国と地方自治体の役割分担と、責任と財政上の措置。
第十七条：教育振興基本計画※	国が教育振興基本計画を策定し、地方自治体が具体的に計画を推進する規定。
第十八条：法令の制定	教育基本法を実施するために必要な法律を制定する規定。

※教育基本法改正2006（平成18）年により新設された条文あり。

Chapter 1　小学校教員の専門常識その1　小学校教員とは

職員室での仕事、働く人

- 職員室の様子、仕事について理解する
- 学校現場を支えるさまざまな人たちの仕事を知る

職員室での仕事内容

朝の職員室 教員は、定刻までに出勤することが決められています。定刻より前に出勤し、授業の準備をする教員もいます。配布物の準備でプリンターが混み合うことがあるので、前日までに準備をするなどの工夫が必要です。子どもたちに対応する教員もいます。

職員朝会 始業前に校長をはじめ、教員や事務職員、養護教員、給食関係職員が集まり、全員で打ち合わせをおこないます。学校によっては、終業後の夕方におこなう場合もあります。多くの学校で司会は日直制で各教員が担当し、その日の業務を確認します。教育委員会からの大事な伝達事項は校長がおこない、事務連絡事項は教頭（副校長）から連絡します。

教員以外で職員室にいる人たち 教員以外にも経理や総務、給食関係職員や事務職員などが、職員室で連絡を密に取り合います。

放課後の職員室の様子 放課後であっても、教員は休んでいる訳ではありません。次の授業の準備、指導の記録や学級通信を作成する仕事、校務分掌の仕事もあります。教員同士のコミュニケーションも重要です。学級でおきた出来事を他の教員に積極的に話しておくと、問題がおきた時にアドバイスをしてもらえるでしょう。職員室の雰囲気は、学校全体をあらわす、ともいわれます。雰囲気をつくる一員と自覚し、明るい職員室づくりを心がけましょう。

学校現場で働く人たち

　小学校を支える教員以外の仕事も理解することで、学校内で円滑なコミュニケーションを図ることができます。

学校用務員　学校施設の管理や施設の維持が仕事です。

給食関係職員　自治体職員の栄養士が、学校給食の栄養管理や子どもの食についての指導をおこないます。栄養士を、臨時的任用教職員として自治体が教員としたり、自治体が栄養教諭を採用する場合があります。給食関係の職員はほかに、給食を調理する給食調理員がいます。

司書教諭　学校図書館法第五条一項により、各学校への配置が義務づけられています（特例により、12学級以下の学校は当分の間不在でもよい）。学校の図書館運営、子どもの読書活動の支援など、子どもたちに読書や、読書を通じた学習活動の習慣をつける体制をつくります。

ALT（アシスタント・ランゲージ・ティーチャー）　地方自治体の教育委員会がそれぞれの方法で採用した外国人講師です。学校の担当の教員とともに外国語授業の実施をサポートします。

スクールカウンセラー　地方公務員法に定められた非常勤の特別職として採用されます。臨床心理士、またはそれに準ずる資格が必要です。子どもが抱える心の問題に、相談と助言をおこないます。

補助教員　仕事の内容はさまざまで、自治体が独自に採用します。TT（チーム・ティーチング）という、担任とその他の教員2人体制で授業をするための補助教員や、理科の実験や実験室の整備をするSA（サイエンス・アシスタント）などがあります。補助教員の募集は各地方自治体が必要に応じて募集しています。

MEMO　教員同士の結婚

　同じ職場同士の結婚の場合、どちらかが別の学校へ異動になります。それも踏まえて、結婚が決まったら、早めに校長に報告しましょう。

小学校教員とは
理解度チェック問題

問1 小学校組織において、（　）に入る語句を答えなさい。

❶ 小学校の組織は（　　　）で定められている。この法律では、詳しい組織モデルも記載されている。

❷ 小学校には校長、教頭、教諭、（　　　）及び事務職員を置かなければならない。

問2 小学校の組織図例において、（　）にあてはまる役職名を答えなさい。

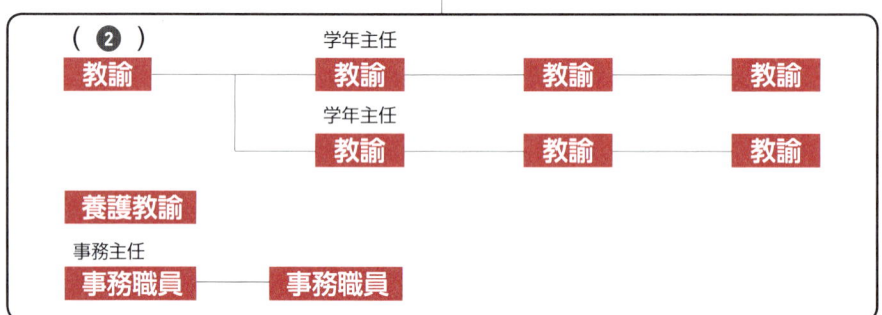

```
校長
 │
教頭
 │
(❶)
 │
┌─────────────────────────────────┐
│ (❷)        学年主任                │
│ 教諭 ─── 教諭 ─── 教諭 ─── 教諭    │
│            学年主任                │
│            教諭 ─── 教諭 ─── 教諭  │
│                                   │
│ 養護教諭                           │
│ 事務主任                           │
│ 事務職員 ─── 事務職員              │
└─────────────────────────────────┘
```

答え

問1 ❶ 学校教育法　❷ 養護教諭　問2 ❶ 主幹　❷ 教務主任

問3　教育委員会の役割について、次の問いに答えなさい。

❶ 公立小学校を管理・運営している機関は何になりますか。
❷ 教育委員は、何から同意を得て任命されますか。
❸ 教育委員会の運営は自治体の指揮下にありますか、独立したものですか。
❹ 2014（平成26）年の法改正により創設され、従来の教育委員長と教育長を一本化した新たな責任者の役職は何ですか。

問4　小学校教員が管理職になるためのキャリアアップについて、（　　　）に入る語句を答えなさい。

❶ 主幹教諭、教頭を経て（　　　　）になる。
❷ （　　　　　）での経験を重ねることにより、管理職試験が免除される場合がある。
❸ 都道府県にある（　　　　　）などで教員の研修に関わる仕事や、教育委員会の行政職に就く。

問5　海外の日本人学校についての説明について、正しいものには○、間違っているものには×をつけなさい。

❶ 日本人学校とは、海外の日本人会が設立した施設である。
❷ 文部科学大臣が日本の教育課程と同等の過程であると認定しており、転入や転出、入学や卒業は日本に所在する学校と同等に扱われる。
❸ 日本人学校の教員は、企業や学校法人によって推薦された者の中から外務省が選考する。

答え

問3 ❶市区町村の教育委員会　❷自治体の議会　❸独立したもの　❹教育長（新教育長）
問4 ❶校長　❷自治体の教育委員会、研修センターや行政職、国立大学付属小学校の教員　❸教員研修センター　問5 ❶○　❷○　❸×

問6 小学校教員に関係する法律について（　）に入る数字と、「　」にあてはまる語句を答えなさい。

❶ 教育に関する法律は多数あるが、義務教育は日本国憲法第（　　）条の「　ア　」権利と「　イ　」義務および義務教育の無償化により保障されている。
❷ 教育基本法、学校教育法は（　　）年に、日本国憲法とともに制定された。
❸ 教育基本法は（　　）年に、国際化、情報化、少子高齢化などの状況変化に伴い改正された。
❹ 現行の教育基本法は、前文と、（　　）の条文を含む4つの章からなる。
❺ 日本国憲法の中で教育に関するものは、第「　ア　」条「学問の自由」、第「　イ　」条1項「教育を受ける権利」などがある。

問7 教育基本法改正によって新設された条文について答えなさい。

❶ 第三条、（　　　　）の理念
❷ 第七条、（　　　　）
❸ 第八条、（　　　　）学校
❹ 第十条、（　　　　）教育
❺ 第十一条、（　　　　）期の教育
❻ 第十三条、（　　　　　　　　　　）の相互の連携協力
❼ 第十七条、（　　　　）基本計画

答え

問6 ❶ 26　ア．教育を受ける　イ．保護する子女に普通教育を受けさせる
❷ 1947（昭和22）　❸ 2006（平成18）　❹ 18　❺ ア．23　イ．26
問7 ❶ 生涯学習　❷ 大学　❸ 私立　❹ 家庭　❺ 幼児　❻ 学校、家庭及び地域住民等　❼ 教育振興

問8 職員室での仕事内容について、（　　）にあてはまる語句を答えなさい。

（ ❶ ）は毎朝定刻に出勤することが決められています。授業の前に（ ❷ ）を始め、教員や（ ❸ ）、給食担当の（ ❹ ）が集まり、全員で打ち合わせをします。教育委員会からの大事な伝達事項は（ ❷ ）から、事務連絡事項は教頭（副校長）から連絡されます。

問9 教員（教育公務員特例法第二条）以外で小学校を支える下記の仕事をしている人を答えなさい。

❶ 学校施設の管理や維持を担当
❷ 学校給食の栄養管理指導
❸ 子どもたちに読書や、読書を通じた学習活動の習慣づくり
❹ 日本人の教員とともに外国語授業の実施をサポート
❺ 子どもが抱える心の問題に関して、相談や助言

問10 補助教員について、あてはまる語句を答えなさい。

❶ 担任と2人体制で授業をすることを（　　　　）という。
❷ 理科の実験や実験室の整備をする補助教員のことを（　　　　）という。

答え

問8 ❶教員　❷校長　❸事務職員　❹給食関係職員　　問9 ❶学校用務員　❷栄養士（栄養教諭）　❸司書教諭　❹ALT（アシスタントランゲージティーチャー）　❺スクールカウンセラー
問10 ❶TT（チームティーチング）　❷SA（サイエンス・アシスタント）

Column 2

小学校教員インタビュー②
Q. 小学校教員になるまで知らなかった教員常識はありますか?

大阪府 Dさん

パソコンのスキルが必要です。毎日、学校通信をつくったり、保護者へ連絡文を書いたり、多くの仕事がパソコンを使う仕事です。また、インターネットの世界は日々進化しており、子どもたちの方が情報が早いときもあって、追いつくのが大変です。常にアンテナをはり、最新の情報を取り入れるように心がけています。

山口県 Eさん

授業以外の仕事の多さに驚きました。教員ですから授業が仕事の中心だと思っていました。保護者への連絡や職員会議など、授業とは違う仕事に多くの時間をとられます。また、教材の管理や販売業者の対応などのほか、そのための書類作りなど、授業に直接関係ないこともしています。

東京都 Fさん

子どものノートにコメントをつけるのはとても楽しい作業です。ノートを見ると、授業で話した内容をきちんと理解してくれたかどうかがわかります。こちらのねらい通りに理解してくれたことがわかると、達成感がありますし、まったく理解されていない場合は反省します。大人にはない柔軟な発想のメモが書かれていると「なるほど」と思いますし、うなってしまうほど素晴らしい落書きが書いてあったりするときもあって、子どもの自由さに驚くこともしばしばあります。

Chapter 2

小学校教員の専門常識 その2
小学校教員の待遇

小学校教員として働くことができるのは、市区町村の公立小学校と私立小学校、国立大学附属小学校です。公立小学校は地方公務員、私立小学校は学校法人の職員として勤務しますが、それぞれの学校によって待遇に違いがあります。ここでは小学校教員の勤務条件について確認します。

> 長い人生では、結婚や出産、育児や親の介護など、さまざまな出来事があります。そういったプライベートな変化とともに仕事を続けるには、安心して働ける環境があることも大切です。

| Chapter 2 | 小学校教員の専門常識その2　小学校教員の待遇 |

給与と手当

- 公務員の中でも比較的に優遇されているのが教員の給与
- 私立小学校はそれぞれの学校によって給与体系もさまざま

公立と私立によって違う給与の仕組み

　公立小学校の年収は、職務の責任や困難度に応じて区分される**級**と、職務経験年数における職務の習熟度**号給**の組み合わせで決まるもので、**毎年約1万円は昇給する**のが一般的です。級は主任教諭、主幹教諭や指導教諭など、**管理職選考試験を受けて合格**すると上がります。たとえば、東京都では主幹教諭は、4級職選考という管理職選考試験に合格すると任用されます。給与に関係する級をあげるには、選考試験の受験が必要です。

　公立の場合、地域や年齢、勤続年数によって異なりますが、東京都の小・中学校教員の、平均年齢は41.2歳で平均給与額は444,448円（2014年度）です。基本給は一般の公務員より高く設定されていますが、教員は業務の特殊性（自分のための研修と仕事の区別がつきにくい）のために時間外手当（超過勤務手当）がありません。かわりに**教職調整額**（給与の4％）が基本給に加算されています。

　私立小学校の教員の給与は、学校法人によって、大きく異なります。東京都や大阪府など都心部にある有名私立小学校の中には、公立小学校教員よりも給与が高い学校があります。一方、子どもの数が定員割れの小学校は、経営難により、公立小学校教員よりも、給与が低いこともあるようです。

　子どもの定員割れは、経営状態に影響するため、私立小学校の教員は、学校説明会のような、一般企業における営業活動のような仕事もします。

公立教員の給与は都道府県から支払われる

公立小学校の教員は、市区町村の職員ですが、給与は都道府県の条例に基づき、都道府県から支払われます（その3分の1は国庫負担）。そのため教員は県費負担教職員とも言われています。市区町村よりも財政が安定している都道府県の負担にすることで、教職員の給与水準と教職員の一定数が確保するとともに教育水準の維持と向上を図っています。

教員給与の負担割合

教員給与及び報酬：
- 県費負担 $\frac{2}{3}$
- 国庫負担 $\frac{1}{3}$

給与以外の手当例

公立小学校の教員には給与以外の手当もあります。下記は、ある年の東京都教員の一例です。

- 配偶者手当：配偶者の年収が1,400,000円未満の場合は13,500円、配偶者以外は1人あたり6,000円
- 扶養手当：子どもが22歳に達する年度末まで。1人当たり4,000円
- 住居手当：管理職を除く35歳未満の世帯主が対象。15,000円以上家賃を支払っている場合、15,000円を支給
- 通勤手当：限度額55,000円。勤務場所まで通常の経路であることが条件で、原則6ヶ月定期券で支給
- 期末・勤勉手当：6月、12月に支給（合計3.95月分）
- 地域手当：都市・へき地・寒冷地に居住し勤務する者。地域区分によって給与の0%～18%
- 退職手当：退職時に支払われる一時金

MEMO 私立学校の教員には理念の理解が必要

私立学校には、それぞれ独自の理念や校風があります。基本理念に則り、人材の育成をしていますので、教員にもその理念の理解と、それに基づいた教育が求められます。出身校の教員になるのであれば、理念の理解は容易ですが、それ以外の私立学校教員になる場合には、その学校の教員として理念を体現できるかをよく考えましょう。

Chapter 2　小学校教員の専門常識その2　小学校教員の待遇

休日と産休、育児休暇

● 小学校教員のさまざまな休暇・休業について知る
● 休業中は無給、または共済組合から給付金が支払われる

一般企業と変わらない休暇制度

　自治体によりますが、公立小学校の教員は**週休2日制**です。**夏期休暇と年末年始に3、4日**のほか、**有給休暇の取得が年20日**認められており、一般企業とさほど変わりません。私立学校では、週6日制の独自のカリキュラムを採用しているところもあります。公立学校も、公開授業や行事が土日にある場合には、平日に休日を振りかえて調整します。学校、役職や立場によって違いますが、子どもたちが**長期休暇に入っても、基本的に教員は通常勤務**です。部活動の顧問をしている場合は、指導も大切な仕事のひとつであり、会議や日頃できない事務処理をしたり、教材研究や研修に参加するなど、子どもたちへの教育・指導を準備するための時間にあてることもできます。

充実している出産・育児休暇

　教員の女性採用は年々増加しており、出産・子育てへの対応が民間企業より充実しています。制度は自治体により異なりますが、**東京都の場合、産休は16週間（有給）。育児休業は男女ともに取得可能で、子どもの年齢が3歳未満まで（無給）**、共済組合から給付金が子どもが1歳に達する日まで、支給されます。
　部分休業、育児短時間勤務も可能で、給与は減額されますが、子どもが小学校に就学するまで取得することができます。部分休業とは、1日2時間以内の休暇の取得。育児短時間勤務とは1週間の勤務時間と休日を決め、その範囲で就労することを指します。

休暇・休業の種類

公立小学校の休暇と休業の種類について、東京都教員の例は下記の通りです。

年次有給休暇
年間20日　翌年に限り最大20日まで繰り越せる。

病気休暇
年間90日以内（有給）。

介護休暇・休業
家族が介護を必要とする場合、連続した6ヶ月の期間内、日・時間を単位（無給：共済組合から手当金を3ヶ月まで支給）なお介護には休業も可。

育児休業（部分休業）
子どもが3歳に達する日まで（無給）。
部分休業は、子どもが小学校就学まで。1日に2時間以内（時間減給）。

配偶者同行休業
外国に勤務をする配偶者と同行する職員のための休業。3年以内（無給）。

特別休暇
次のようなさまざまな休暇があります。
- 公民権行使等休暇
- 妊娠出産休暇
- 妊娠症状対応休暇
- 早期流産休暇
- 母子保健検診休暇
- 妊婦通勤時間
- 育児時間
- 出産支援休暇
- 育児参加休暇
- 子どもの看護休暇
- 生理休暇
- 慶弔休暇
- 災害休暇
- 夏季休暇
- 長期勤続休暇
- ボランティア休暇

大学院修学休業
教育公務員特例法第二十六条により、3年を超えない範囲で大学院に在籍して、その課程を履修できる。

MEMO：休暇、休業、休職の違い

「休暇」とは、必要に応じて数日間、職務を離れることです。「休業」は、1年以上にわたり職務を離れる場合で、その期間は無給になります。臨時の教員がその間、代理を努めます。「休職」は、病気による長期療養が必要な場合（給与は減額支給）と、処罰命令によって職務を停止される場合を指します。

| Chapter 2 | 小学校教員の専門常識その2　小学校教員の待遇 |

共済組合と年金制度

● 小学校教員の健康保険と年金について知る
● 充実したきめこまかい福利厚生

共済組合（公立学校共済組合）

　公立小学校の教員には、**共済制度が適用**されます。

　この共済制度を運営する公立学校共済組合は、地方公務員等共済組合法によって組織される**独立行政法人**です。教員の相互救済を目的に、**福祉事業、介護保険、健康保険や厚生年金に該当する事業と生活資金の長短期貸付と給付事業**を全国的におこなっています。

　公立小学校の**採用試験に合格すると、同時に組合員の資格を取得**します。組合員には共済組合から健康保険証が発行されます。

　ほかの自治体へ転職、または異動の場合でも、都道府県に各支部があるので、転入・転出の手続きおこなえば、**資格を継続できます**。

互助会

　互助会は共済組合事業の補完的な、地域の実情に合わせた活動をしている**公益財団法人**で、**都道府県単位で互助会、あるいは互助組合**（自治体によって名称は異なる）があります。

　共済組合にあげた事業のほかに、結婚・出産などの祝い金、病気・被災などの見舞い金などの給付、講演会開催に関する事業、研修施設や教職員団体の事務所や拠点、保養施設などの管理運営などをしています。**共済組合より、さらにきめ細かい福利厚生が特徴**です。

共済組合と互助会

共済組合と互助会の組織、構成員と、事業内容は次の通りです。

	組織	組合員	事業内容
共済組合	独立行政法人。全国的に活動し、都道府県に各支部がある。	公立学校に採用と同時に資格を取得。被扶養者は組合員の家族で、主に組合員の収入によって生計を維持している三親等内の親族。	短期・長期給付、福祉事業、退職後の医療給付など。
互助会	公益財団法人。都道府県単位で活動。	共済組合に加入している者、被扶養者は、共済組合が認定した親族。	健康管理、医療サービス、医療互助など。

共済組合員が病気やけがをした場合

　共済組合員とその扶養家族などの被保険者は、仕事中のケガなどの特別な場合を除き、病院で共済組合証を提示すれば受診できます。仕事中にけがをした場合は、国家公務員災害補償法などの規定による補償が受けられるので、共済組合からは給付されません。

　また、共済組合員が病気やけが、あるいは出産などで勤務を休み、給与の全部または一部が支給されなくなったときは、**疾病手当、疾病手当金附加金などが支給**されます。

　たとえば、出産の場合は出産前の42日間、出産後の56日間の合計98日のうち、勤務できなかった期間について支給されます。支給額は1日につき、標準報酬日額の3分の2です。報酬の一部が支払われているときは、出産手当との差額分だけが支給されます。

労働組合

　労働組合の活動目的は、教職員が働きやすい制度や環境などの**労働条件の向上**です。そのほか、教育に関する研修会をおこなっています。**加入は任意**ですが、地域や学校によっては、加入しないと気まずい場合もあるようです。

　組合員のメリットは、研修会で**他校の先生方**と**情報交換**ができたり、いじめや不登校の問題、勤務先での労働条件に関する悩みの相談ができることです。

　しかし、定期的におこなわれる大会や集会で、政治的要素の強いパフォーマンスを含むことがあり、個人の信条に合わない場合もあります。また、組合費が高いことも、年々組織率が下がってきている要因のひとつです。

　現在、5つの労働組合があります。主張はそれぞれ違いますが、教育を取り巻く環境の向上のために団体で交渉し、教員の労働条件の改善に努めています。

公立学校教員の退職金

　退職金は、勤務した小学校がある都道府県から支給されます。支給額は勤務年数、退職理由、退職時の給与から算定されます。都道府県によって違いますが、東京都の場合、**勤続20年で月額給与（手当は除く）の23.5ヵ月分、勤続35年で45ヵ月分**です。

勤続年数の考え方

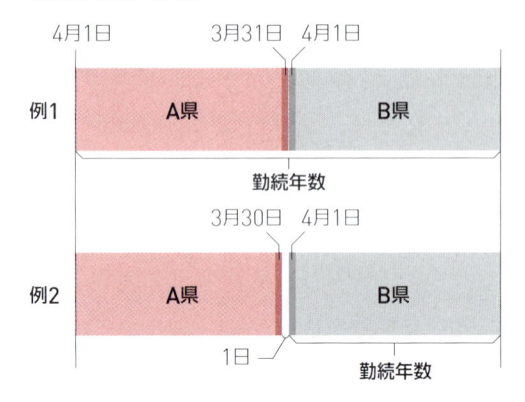

例1　4月1日　3月31日 4月1日
A県　B県
勤続年数

例2　3月30日 4月1日
A県　B県
1日
勤続年数

　結婚などで勤務地が別の都道府県に変わっても勤続年数は加算されますが（例1）、1日でも在職に空白期間があると、継続して勤務したことにならず、退職金は新しい異動先の都道府県での年数から計算されます（例2）。

一元化される年金制度

　公的年金制度は、「基礎年金制度（1階部分）」と、「被用者年金制度（2階部分）」があり、小学校教員は2つの制度の両方が適用されます。さらに、職域にもとづいて加算される年金（3階部分）もあります。

　2015（平成27）年10月までは、公務員の2階部分、3階部分は共済年金でしたが、**厚生年金に統合**され、3階部分は廃止され「年金払い退職給付」という新制度が導入されます。

　「年払い退職給付」は、加入者自身の年金の、原資を積み立てるもので、国債の利回りに連動し運用され、**給付時は終身年金部分と有期年金部分でわけて受け取る**事ができます。有期年金の部分は10年、20年、一時金の中から選択できます。

被用者年金の一元化

制度	2015（平成27）年10月以前	2015（平成27）年10月以降	階層
被用者年金制度	職域相当	年払い退職給付	3階
被用者年金制度	共済年金	厚生年金	2階
基礎年金制度	国民年金	国民年金	1階

📖 MEMO ： 5つの教員にかかわる労働組合

- 日本教職員組合：1947（昭和22）年に結成された日本最大の教職員組合。
- 全日本教職員組合：1989（昭和元）年、労働戦線をめぐって日教組から離脱し、1991年に新組織として発足。
- 全日本教職員連盟：1984（昭59）年、日教組に批判的な教職団体が団結して発足。
- 日本高等学校教職員組合：高校教職員のみの組織団体。1962（昭和37）年に右派と左派と分裂し、左派は全教に吸収される。
- 全国教育管理職員団体協議会：1974（昭和49）年、東京都教育管理職員協議会が中心に管理職の処遇改善を目的にできた団体。

小学校教員の待遇
理解度チェック問題

問1 次の文は、公立小学校教員の給与制度について述べている。（　）に入る語句を答えなさい。

公立小学校教員の年収は、職務の責任や困難度に応じて区分される（　❶　）と、職務経験年数における職務の習熟度（　❷　）の組み合わせで決まる。（　❶　）は主任教諭、主幹教諭、指導教諭など、試験を受け合格することで上がる。主任教諭任用の主任選考試験は8年以上の勤務実績が必要である。また教員には、業務の特殊性のため超過勤務手当が存在しない。そのかわりとして（　❸　）が基本給に加算される。

問2 次の文のうち、正しくないものを2つ選びなさい。

❶ 労働組合への加入は任意である。
❷ 育児休業は女性教員にしか適用されない。
❸ 一般的に、公立小学校教員は週休2日制である。
❹ 小学校の夏期休業中は、教員も休みである。
❺ 小学校教員は出産・子育てへの対応が民間企業より充実している
❻ 退職金を計算する場合の勤続年数は、個人的な都合で別の県に異動した場合も、加算される。
❼ 公立小学校教員の健康保険や年金事業を運営する独立行政法人　公立学校共済組合は、全国共通の組織である。

答え

問1　❶級　❷号給　❸教職調整額　　問2　❷❹

問3 教員の休暇・休業制度について正しく述べているものを下のA～Eの中から1つ選び（　）に記入しなさい。

❶ 介護休暇　　　　　（　　）
❷ 病気休暇　　　　　（　　）
❸ 育児休業　　　　　（　　）
❹ 年次有給休暇　　　（　　）
❺ ボランティア休暇　（　　）

A．病気の場合、年間90日以内、有給で取得可能な休暇。
B．家族が介護を必要とする場合、引き続く6ヶ月の期間内で取得可能。
C．5日以内、自発的に報酬を得ないで社会に貢献する活動をおこなう場合に取得可能。
D．子どもが3歳に達する日まで取得可能。部分休業は子どもが小学校就学まで、1日2時間取得可能。
E．年20日　翌年に限り最大20日まで繰り越せる。

問4 次の文は、教員の休暇や休業について述べている。（　　）に入る語句を答えなさい。

必要に応じて職務を数日間離れて取得する休みが（　ア　）である。（　ア　）には、プライベートな用事のため、有給で取得できる（　イ　）や、病気が理由で取得できる（　ウ　）などがある。修士号取得のため、育児のために、1年を超えて取得できる休みを（　エ　）といい、休みの間、代替えの教員が採用される。

答え

問3　❶B　❷A　❸D　❹E　❺C
問4　ア：休暇　イ：年次有給休暇　ウ：病気休暇　エ：休業

問5 次の文は、小学校教員の福利厚生について述べたものです。正しいものには○、間違っているものには×をつけなさい。

❶ 公立小学校の教員が、育児休業をとる場合は、臨時採用の教員が代理を務める。
❷ 育児休業・育児時間・部分休業については男性教員にも適用できる。
❸ 公立学校の教員に採用されると、労働組合に加入しなければならない。
❹ 互助会よりもきめ細かい福利厚生を特徴とするのが共済組合制度である。
❺ 共済制度は、公立学校共済組合によって運営されている。
❻ ほかの自治体に異動した場合、転入・転出の手続きをおこなうことで共済組合員の資格を継続できる。
❼ 互助会は独立行政法人である。
❽ 現在7つの労働組合が存在する。
❾ 年金は在職中に共済組合で積立て、退職後に一定額を受け取る。
❿ 育児休業は子どもの年齢が2歳未満まで取得が可能である。

問6 小学校教員の年金制度について、正しくないものを選びなさい。

❶ 小学校教員の基礎年金制度と、20歳で加入した国民年金は同じ制度である。
❷ 公的年金制度は大きくわけて基礎年金制度と、被用者年金制度の2つにわけられる。
❸ 2015（平成27）年10月に、地方公務員が加入していた被用者年金制度の共済年金は、厚生年金に統合された。
❹ 2015（平成27）年10月に運用が開始された「年金払い退職給付」は、若い世代の積立てにより、給付世代が年金を受け取る仕組みである。

答え

問5 ❶○ ❷○ ❸× ❹× ❺○ ❻○ ❼× ❽× ❾○ ❿× 問6 ❹

問7 次の文は、公立小学校の教員と私立小学校教員、どちらについて述べたものか、わけなさい。

❶ 数年に一度、勤務する学校が変わる。
❷ 地方公務員である。
❸ 転勤がない。
❹ 経営状態の良くない学校の場合は、給与が低い。
❺ 学校数が少なく、就職の倍率は高い。
❻ 採用試験に不合格でも臨時職員として採用される可能性がある。
❼ 学校説明会は、営業活動と考え取り組む。
❽ 待遇や福利厚生があらかじめ公表されている。
❾ 給与は、国と地方自治体から支払われる。
❿ 学校の理念を体現し子どもを指導する。

問8 次の公立小学校教員の給与以外の手当について、実際にはないものを選びなさい。

❶ 配偶者手当
❷ 扶養手当
❸ 部下手当
❹ 勤勉・期末手当
❺ 読書手当
❻ 皆勤手当
❼ 退職手当
❽ 通勤手当
❾ 資格手当

答え

問7　公立小学校教員　❶❷❻❽❾　　私立小学校教員　❸❹❺❼❿　　問8　❸❺❻❾

Column 3

小学校教員インタビュー③
Q. 小学校教員になってよかったと思うことは?

神奈川県 Aさん

「先生のクラスでよかった」と言ってくれたときです。39歳で新任教員になり、初めて学級担任になったときは、無我夢中でした。子どもたちをよく知るために観察し、それぞれに毎日、何かひと言、話すことにしました。ケンカをするする子どもに、声をあらげてしまうことも多くありました。子どもたちにとって、よい担任だったかどうかわかりませんが、その学級の最後の日。1人の子どもの言葉に涙がでました。

埼玉県 Bさん

子どもの成長を実感したときです。教育の基本かも知れませんが、これに尽きると思います。早く覚える子とゆっくり学習する子がいます。ゆっくり学習する子がどうやってできるようになるか、時間をかけて付き添い、できた瞬間に子どもと一緒に喜べたときにとても幸せを感じます。子どもたちの満足気な表情を、私は決して忘れません。

東京都 Cさん

いじめられていた子どもが、「先生みたいに、いじめられている子どもの気持ちがわかって、話しを聞く先生になりたい」と言ってくれたときは、教員として自分が歩んできた道に間違いがなかった、教員になってよかったと思った瞬間でした。

Chapter 3

小学校教員の専門常識 その3
小学校教員の仕事

小学校教員はやりがいのある仕事です。子どもたちの人生に大きな影響を与えるのはもちろん、保護者から感謝されることもあります。子どもたちの成長を願い、情熱を注いで取り組めば、大きな喜びとなって返ってくるはずです。ここでは小学校教員の仕事内容を見ていきます。

> 具体的な小学校教員の仕事を理解しましょう。教員が、現場でどのように働いているのかを知ることで将来の不安が払拭されますし、採用面接では一歩踏み込んだスピーチができるようになるでしょう。

| Chapter 3 | 小学校教員の専門常識その3　小学校教員の仕事 |

小学校教員が受け持つ仕事

- 教科を教えるだけでなく、子どもたちの生活にも密接に関わる
- 教員としての職責を全うするためには、日々の努力が必要

代表的な3つの職務

　小学校教員の仕事は、授業をすることだけではありません。仕事の内容は、大きく次の3つにわけて考えることができます。
- 子どもたちに関わること（学習指導や生活指導など）
- 教員としての自分自身に関わること（研修の受講など）
- 学校運営に関わること（校務分掌による業務分担など）

子どもたちに関わる仕事

　教員の仕事の多くは、子どもたちに関わることが最も多いです。
　授業で教えるのは学習指導で、授業以外に、授業の準備、授業時間外に子どもに頼まれた学習指導や、質問対応、テストの成績処理が含まれます。一方、給食や掃除、子どもたちを門の前で迎える、個別の相談など授業以外の時間を通じて教えることを、生活指導といいます。
　学習指導や生活指導を通じて、子どもそれぞれの個性を知ることは、適切な教育をするにあたっても、とても重要です。
　さらに子どもたちに関すること、たとえば好きなこと、持病やアレルギーがあるか―などに関して、保護者との共通理解を持ち、子どもや保護者との信頼関係の構築に役立てましょう。

教員の仕事

　教員は、**新しい知識を学び続けなければなりません**。教員として成長を続けるために、研修を受講するのも仕事の一つです。各都道府県には、公立学校教員向けの階層に応じた研修を開催する、**教員研修センター**があります。研修内容は、若手教員向け研修、教科ごとの授業づくりのための指導、子どもの理解や生活指導に関する研修、管理職向けの研修などです。

　市区町村の教育委員会が開催する研修には、「いじめ防止に関する研修」など地域全体の教員で共有すべきもののほか、**自主的な研究団体、大学、企業などが休日に開催する研修**もあります。自分の研鑽のために、研修会の開催情報にはアンテナを立て、積極的に参加しましょう。

学校運営の仕事

　学校運営に関わる仕事とは、放課後や長期休暇など、子どもが学校にいないときにおこなう事務的な仕事です。教科書の手配や教材を扱う業者とのやり取り（教材研究）などがあります。

　また、学校ごとに**校務分掌**（57ページ参照）という業務分担があり、教員はいずれかの業務につきます。分掌を兼任する場合もあります。学校事務や経理など、専門におこなう職員もいますが、生活指導、教科、図書室の管理、年間行事や時間割の調整、転出入届けの事務手続きなどは、教員が分担しておこなう仕事になります。

📖 MEMO ： 日常の行動を見直そう

　教員になる前から心がけたいのは、日常行動の規範を身につけることです。子どもたちに「元気よくあいさつをしなさい」と言っている教員自身があいさつしないのでは、子どもたちの手本となり、指導者となるのは難しいでしょう。子どもたちの観察眼は鋭く、箸や鉛筆の持ち方が違っても指摘してくることもあります。こういった日常の行動は、一朝一夕でなおるものではないので、意識して見直していきましょう。

Chapter 3 小学校教員の専門常識その3 小学校教員の仕事

小学校教員の仕事例

● 1日の仕事の流れを、具体的な例で理解する
● 年間行事を把握して、1年間の仕事の流れを理解する

小学校教員の毎日

東京都の小学5年生学級担任の、ある1日の仕事の流れをみてみましょう。

7:30	出勤	今日の授業や予定の確認をする。
8:25	職員朝会	校長などからの連絡事項を受ける。
8:35	教室へ移動	朝学習をしている子どもたちの教室へ移動。出欠を確認する。
8:45〜9:30	1時間目	体育の授業。
9:35〜10:20	2時間目	算数の授業。
10:20〜10:40	中休み	次の授業の準備をするつもりが、子どもたちに誘われて、校庭でドッチボールをする。
10:45〜11:30	3時間目	図工の授業。
11:35〜12:20	4時間目	音楽の授業。
12:20〜13:00	給食指導	給食の準備を指導。子どもたちと一緒に食べる。食べ残したりしていないかを観察する。
13:40〜14:25	5時間目	総合的な学習の時間。
14:30〜15:15	6時間目	総合的な学習の時間。
15:15〜15:30	下校指導	子どもたちが帰宅するまでが学校の責任。安全に帰れるように指導。
15:40〜17:30	諸業務	職員全体の会議や、学年打ち合わせ、テストの採点、教材研究など。
17:30〜18:00	家庭訪問	先週から不登校の子どもを家庭訪問。
19:00	帰宅	家庭訪問後、そのまま帰宅。

年間行事

東京都の小学校（3学期制）を例に、年間行事をみてみましょう。

1学期	4月	始業式／入学式／学校説明会／保護者会／遠足（4・5・6年）
	5月	遠足（1・2・3年）／スポーツテスト／学校公開
	6月	水泳指導開始／演劇鑑賞教室（6年）／音楽鑑賞教室（5年）
	7月	保護者会／終業式／夏期休業開始／個人面談
夏期休暇		
2学期	8月	夏期水泳指導／補習／個人面談
	9月	始業式／水泳指導終了／新1年生オープンキャンパス／運動会
	10月	社会科見学（4・5年）／生活科見学（1・2・3年）／就学時健康診断
	11月	社会科見学（3・6年）／地域清掃活動
	12月	理科教室（6年）／保護者会／マラソン大会／終業式／冬期休業日
冬期休暇		
3学期	1月	始業式／校内書き初め展／学校公開／理科教室（4年）
	2月	研究発表会／理科教室（3年）／新1年生保護者会／保護者会（2・4・6年）
	3月	6年生を送る会／保護者会（1・3・5年）／修了式／卒業式／春期休業日
春期休暇		

MEMO：年間行事のスケジュールを決めるのはだれ？

教務主任が小学校学習指導要領に沿って、1年間の行事を含め1年生から6年生の授業計画を立てます。また、教務主任は市区町村で開かれる主任会に参加し、3学期中に翌年の学校全体の行事や授業の計画「教育課程」を教育委員会へ提出します。教務主任は主幹教諭が任命されることが多く、学校運営に関わる重要な仕事を任されるのです。

Chapter 3　小学校教員の専門常識その3　小学校教員の仕事

学級担任

- 子どもたちと密接に関わる学級担任の仕事を理解する
- 学級担任と保護者との関わりを理解する

学級担任としての主な仕事

学級担任の主な仕事は**学習指導、児童理解、保護者との共通理解**で、具体的には次の通りです。

学習指導

各教科等の学習指導は、学習指導要領に基づいておこなわれます。授業内容ごとに、子どもたちの理解を確認するために、テストをおこないますが、指導要領の目標に達しない子どもには補習をします。子どもの学習の進行はさまざまで、早く覚えられる子もいれば、ゆっくり学習する子もいます。それは**優劣ではなく個性である**ということを理解しましょう。

そのほか、自宅学習のための宿題をつくることも学習指導になります。

児童理解

適切な指導をするには、子どもを理解することが最も重要です。特に、**休み時間に子どもたちと遊ぶこと**で、子どもたちの個性や、子ども同士の関係がよくわかります。これらを学級担任は知らなければなりません。毎日、学級の子どもたち全員に声をかけることを目標に、それぞれの子どものことを記録する教員もいます。自分なりの工夫をしましょう。

また、服装の乱れや言動から、子どもが抱えている悩み、家庭の事情などをキャッチすることは、深刻な事件につながる事もあるので重要です。

保護者との共通理解

　子どもの教育は教員だけで完結するものでなく、保護者の協力なしには成し遂げられません。そのため、保護者と教員が子どもに対する共通理解を持つことが大切です。

　また、学校での子どもの様子を保護者に確認してもらうための**授業参観**や、家庭では見られない子どもの行動を、保護者に伝える**学級通信**などの活用が有効です。子どもたちの学校生活を動画に撮り、学級通信としてメール配信する教員もいます。また、教師と保護者を結ぶ**連絡帳**などに、保護者からのコメントがあれば、返事を書くようにします。

　もしも、子どもについて気になることや問題が発生した場合には、保護者へ電話で話したり、放課後に家庭訪問します。共通理解を持つには、**保護者と会って話をする事が一番**だからです。学期末には、保護者と面談もおこないます。

　保護者から学校の対応について説明を求められたりすることもあります。その場合には、学校の対応の背景や理由を丁寧に説明しましょう。学校の立場を説明し、理解してもらうことが、保護者との共通認識をより深めます。その積み重ねで、信頼関係が構築されるのです。信頼関係があれば、問題は未然に防げるかもしれません。万が一、起きてしまっても解決策がみつかるでしょう。

子どもの様子を見守る授業参観の風景

MEMO　教科担任制

　多くの小学校教育では、1人の教員が学級を担任し、すべての教科を教える学級担任制を採用しています。一方で、中学校や高校と同じように、専科教員やその教科の専門性を有する教員が授業をおこなう教科担任制を高学年を中心に実験的に取り入れている学校や自治体があります。これは、①小学校でも、学年があがるにつれ、より専門性が必要になるから　②小学校から、中学校への学習スタイルの変更をスムーズにするため、あらかじめ小学校でとりいれておく　③子どもたちが、いろいろな教員とふれあうことにより、複数の大人の視点で子どもの教育に関わることができる——ことが理由にあげられます。

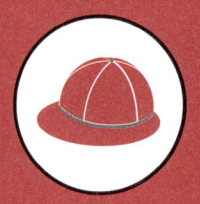

Chapter 3　小学校教員の専門常識その3　小学校教員の仕事

研修の義務

- 研修によって全国の教員・教育の質の向上が図られている
- 国、都道府県、市町村主催の研修がある

法で定められている研修

　教育公務員特例法第二十一条に「教育公務員は、その職責を遂行するために、絶えず研究と修養に努めなければならない」とありますが、その機会と質の向上を図るために国、都道府県の教育委員会、市区町村の教育委員会では、各種研修の体系的な整備を行っています。

国が主催する研修

　独立行政法人「教員研修センター」にておこなう研修は、学校管理職向けの研修が中心です。

都道府県の教育委員会が主催する研修

　各都道府県の教育センターなどで開催する研修には、職能別の研修、教科などの指導や教育課程に関する研修、子どもの理解や生活指導に関する研修、大学院などに長期派遣されて受ける研修があります。教育公務員特例法第二十三条や第二十四条に定められている法定研修の初任者研修、10年経験者研修があります。教育現場の教員向けの研修が中心です。

市区町村の教育委員会が実施する研修

　小学校でおこなう校内研修、教科別にある教育研究団体・グループなどが実施する研修があります。年度の始めに、どの研修に参加したいか希望を提出し、ひとつ以上を受講します。いくつもの研修に参加する勉強熱心な教員もいます。教育現場の教員向けの研修が中心です。

教育委員会が実施する研修

教員研修の実施体系は次のようにおこなわれます。

教員経験年数							
1年目	5年目	10年目	15年目	20年目	25年目	30年目	

国が主催する研修（教員研修センターが実施）

- 各地域で学校教育において中心的な役割を担う校長・教頭等の教職員に対する学校管理研修
  - 中堅教員研修
  - 校長・教頭等研修
  - 事務職員研修（小・中学校、高等学校）
  - 海外派遣研修（3ヶ月以内、6ヶ月以内）
- 喫緊の重要課題について、地方公共団体がおこなう研修等の講師や企画・立案等を担う指導者を養成するための研修
  - ・学校組織マネジメントや国語力向上に向けた教育の推進のための指導者養成研修等
  - ・教育課題研修指導者の海外派遣プログラム（2週間）
- 地方公共団体の共益的事業としての委託等により例外的に実施する研修
  - 産業教育等の指導者の養成を目的とした研修

都道府県が主催する研修

- 法定研修
  - 初任者研修
  - 10年経験者研修
- 職務経験に応じた研修
  - 5年経験者研修
  - 20年経験者研修
- 職能に応じた研修
  - 新任教務主任研修など
  - 教頭・校長研修
- 長期派遣研修　民間企業等への長期派遣研修
- 専門的な知識・技術に関する研修
  - 教科指導・生徒指導等に関する専門的研修

市区町村教委等

- 市町村教委、学校、教員個人の研修
  - 市町村教育委員会が実施する研修、校内研修、教育研究団体・グループが実施する研修、教員個人の研修

3　小学校教員の専門常識その3　小学校教員の仕事

📖 MEMO　初任者研修制度

　教育公務員特例法第二十三条により、新任教員は採用から1年以内に、研修を受ける規定があります。研修は、校内研修と校外研修にわけられます。校内研修は、指導教員のもと、授業の実践や教員としてのふるまい方の指導です。校外研修は、研修センターでの教科に関する研修の受講や、企業や福祉施設での体験研修などです。

Chapter 3　小学校教員の専門常識その3　小学校教員の仕事

授業以外の時間の使い方

- 学校を運営するための諸業務を理解する
- 小学校教員の授業以外の時間の使い方

教員の諸業務

　学校内の業務分担を**校務分掌**と言います。学校内外の業務は、それぞれ担当する分掌組織が中心におこないます。分掌組織は○○部・○○課となっていることが多く、責任者は「部長」「課長」「主任」などと呼ばれ、組織の構成員とともに**校長が任命**します。非常勤の教職員を除き、ほとんどの教職員がいずれかの分掌組織に所属します。1人の職員が複数の分掌組織を担当することもあるようです。

　具体的な業務内容や担当部署、名称などは学校によって違いますが、概ね次のような諸業務があります。

教務部
　教育の指導計画。カリキュラムの検討。時間割の作成。子どもの成績評定に関すること。教科書に関すること。テストに関すること。

研究部
　研修計画の立案、企画、運営。研究事業の計画実施。

生活指導
　校則などの検討。子どもの生活上の指導指針の作成。交通安全の指導。補導。

情報システム
　情報機器、校内LANの管理。学校ホームページの作成。

校務分掌組織図

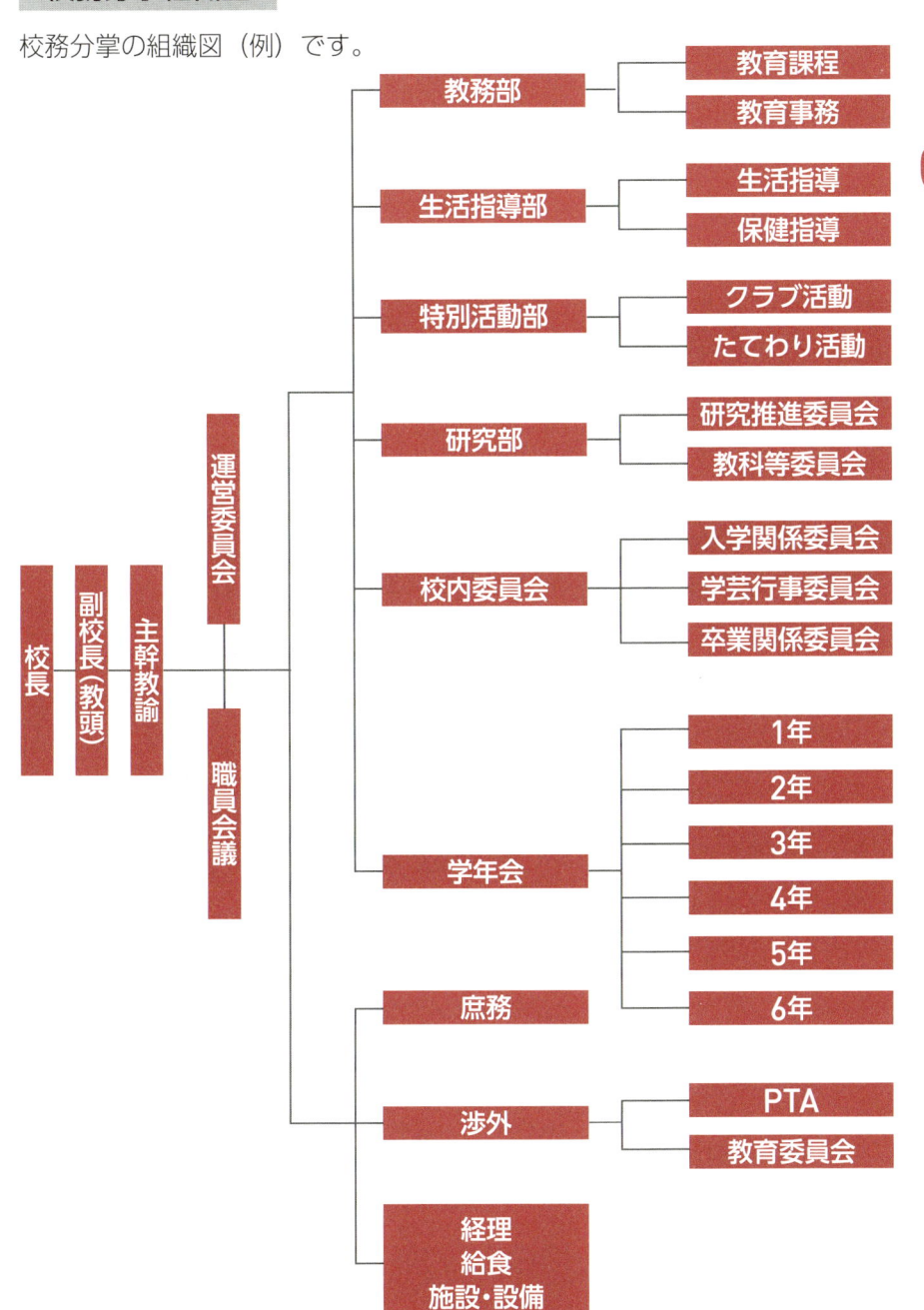

校務分掌の組織図（例）です。

```
校長 ─ 副校長(教頭) ─ 主幹教諭 ┬ 運営委員会
                              └ 職員会議
```

- 教務部
  - 教育課程
  - 教育事務
- 生活指導部
  - 生活指導
  - 保健指導
- 特別活動部
  - クラブ活動
  - たてわり活動
- 研究部
  - 研究推進委員会
  - 教科等委員会
- 校内委員会
  - 入学関係委員会
  - 学芸行事委員会
  - 卒業関係委員会
- 学年会
  - 1年
  - 2年
  - 3年
  - 4年
  - 5年
  - 6年
- 庶務
- 渉外
  - PTA
  - 教育委員会
- 経理
  給食
  施設・設備

3 小学校教員の専門常識その3　小学校教員の仕事

授業以外の時間の使い方

文部科学省の「学校や教職員の現状について2015（平成27）年」によると図に示したように、小学校教員は、勤務時間の約4分の1を、子どもの指導以外の仕事をしています。仕事内容は、学校運営、外部対応などさまざまで、下表の通りです。

図　勤務時間内の各業務の割合

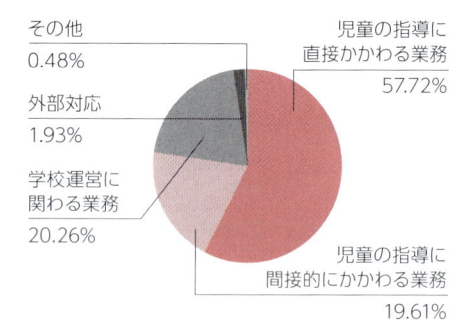

- その他 0.48%
- 外部対応 1.93%
- 学校運営に関わる業務 20.26%
- 児童の指導に直接かかわる業務 57.72%
- 児童の指導に間接的にかかわる業務 19.61%

表　授業以外の小学校教員の業務の分類

学校の運営にかかわる業務	学校経営	校務分掌の担当業務、新任・教育実習生の指導
	会議・打ち合わせ	職員会議、教員同士の打ち合わせ
	事務・報告書作成	業務日誌作成、校長や教育委員会などへの提出資料作成
	校内研修	校内研修、校内の勉強会
外部対応	保護者・PTA対応	保護者会、保護者との面談や電話連絡
	地域対応	町内会・地域住民への対応
	行政・関係団体対応	保護者・地域住民以外の学校関係者への対応
	校務としての研修	初任者研修、その他研修
	会議	校外での会議・打ち合わせ
その他	その他の校務	上記に分類できないその他の校務
	休憩・休息	休憩

こんな場面で役立つ！

教員になるまえ　長い時間外勤務は、評価されるべきものではありません。効率よく時間内に物事をすすめる、時間管理術を身につけておきましょう。

教員になってから　時間外勤務が長いことが、教員の育児や介護に不都合がある場合は、短時間勤務という方法もあるので、労働組合または校長へ相談してみましょう。

大幅に増えた時間外勤務

　文部科学省の「文部科学省委託調査研究報告書教員勤務実態調査（小・中学校）報告書2006（平成18）年」によると、1996（昭和41）年と比べて、時間外勤務が大幅な伸びを示しています。適切に処遇を変更する必要性が報告されています。

図　残業時間比較

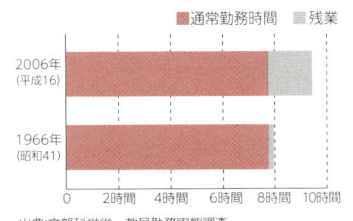

凡例：通常勤務時間／残業

2006年（平成16）
1966年（昭和41）

0　2時間　4時間　6時間　8時間　10時間

出典:文部科学省　教員勤務実態調査

保護者との接し方

　保護者に、子どもたちの学校での様子を伝えるのも、教員の大切な仕事です。子どもの様子を保護者に伝えるために、授業風景を写真や動画で撮影し、学級通信として保護者に提供するなどの工夫をしてみましょう。

　また、保護者と直接会って話ができる保護者会や授業参観は貴重な機会です。教員が一方的に伝えるのではなく、**保護者が教員に伝える機会も重要ですので、時間を十分にとりましょう。**

> 多くの保護者は年上です。自分が年下であっても、相手を尊重しながらしっかりと自分の意見を伝えられるように意識して、訓練しておきましょう。

📖 MEMO：時間外の交流会

　東京都に、ユニークな交流会の事例があります。教員や学校職員同士の学校対抗スポーツ大会です。平日の夕方、18時以降に指定の小学校に集まり、バレーボール、バドミントン、ソフトボール、バスケットボール、卓球などをおこないます。これは教員だけではなく、事務や給食係の職員など、学校職員全員が参加します。各小学校のスポーツが得意な教員の指導のもと練習します。強制ではありませんが、ほとんどの教員が参加するようです。主な目的は、スポーツを通じて他校の教員や職員との交流ですが、教員が得意としないスポーツを学ぶことで、体育の授業の参考もなるそうです。交流会終了後、残った仕事をするため、汗だくのまま、自分の学校へ帰る熱心な教員もいるようです。

3　小学校教員の専門常識その3　小学校教員の仕事

小学校教員の仕事 理解度チェック問題

問1　正しいものに○、間違っているものに×をつけなさい。

❶ 教員の仕事を3つにわけるとすると、「子どもたちに関わる事」「教員としての自分自身に関ること」「学校運営に関わること」である。

❷ 小学校の年間行事は、小学校の事務職員が計画を立てる。

❸ 小学校教員として採用された後も、自己を高める努力はし続けるべきである。

❹ 小学校教員は、学校の経理を校務分掌といわれる業務分担で担当することがある。

❺ 小学校教員は個人の裁量で遠足の計画を立てる。

❻ 独立法人「教員研修センター」では、学校管理研修を中心に研修が実施されている。

❼ 学習がゆっくりな子どもは、ほかのこともゆっくりである。

❽ 「教育公務員は、その職責を遂行するために、絶えず研究と修養に勤めなければならない」というのは、教育基本法の法律である。

❾ 初任者研修は、法定研修である。

❿ 学校内の子どもを指導すること以外の学校を運営する役割分担を校務分掌という。

⓫ 小学校教員になるには、大学卒業が必須である。

⓬ 小学校では、教科ごとで教員がかわり授業をする、教科担任性である。

答え

問1　❶○　❷×　❸○　❹×　❺×　❻○　❼×　❽×　❾○　❿○　⓫×　⓬×

問2 次の状況を、生活指導と学習指導にわけなさい。

❶ 子どもたちが、給食の時間にパンを丸めて投げ合い始めた。教員は、パンを投げ合うのを止めに入った。

❷ 跳び箱を跳べなかった子どもが、教員に、練習したいから「放課後に教えて欲しい」と頼んできた。

❸ 教員が帰宅する途中で、自分の学級の子どもがランドセルを背負った姿のまま、ゲームセンターにいることをみかけた。

❹ 国語の時間に、ふと気がつくと隣の学級の子どもが紛れ込んでいた。その席いた自分の学級の子どもがいない。

❺ 2時間目が始まったときに、校庭で遊んでいた自分の学級の子どもが、まだ校庭にいることに気づいた。

❻ 音楽の時間に、「きらきら星」を子どもたちと一緒に歌った。

❼ 教員は算数の時間に、明日までに九九の2の段を覚えてくるように、子どもたちに伝えた。

❽ 理科で「植物の光合成」について授業をした。

❾ こどもたちが授業中にとったノートを集めて、放課後それぞれのノートにコメントを書いた。

❿ 帰りの会で、「あいさつの大切さ」について話した。

⓫ 総合的な学習の時間の引率で、市役所に行った。

⓬ 国語の時間に枕草子の冒頭部分を、子どもと一緒に音読した。

⓭ 子どもと一緒に給食を食べる。

答え

問2 生活指導 ❶❸❹❺❿⓭   学習指導 ❷❻❼❽❾⓫⓬

問3 （　　）に入る語句を答えなさい。

❶ 小学校教員の仕事は大きくわけると、子どもに関わること、（　ア　）、学校運営に関わることである。

❷ 小学校で何をどのように教えるかの年間計画は、（　イ　）という役割の教員がきめる。

❸ 小学校の授業の計画は、（　ウ　）へ提出する。

❹ 休み時間に子どもとドッチボールをすることは、（　エ　）に役立つ。

❺ 小学校教員の給与には（　オ　）があらかじめ含まれていて、これは時間外勤務手当のかわりである。

❻ 法定研修には、（　カ　）と（　キ　）があり、教育公務員特例法で、その実施が定められている。

❼ 学校の図書館運営、子どもの読書活動の支援など、子どもたちに読書や、読書を通じた 学習活動の習慣をつける体制をつくるのが、（　ク　）の役割である。

❽ 教員が研修を受講するなどして、自分を高めなければならないことは、（　ケ　）で定められている。

❾ 新任者研修は、（　コ　）研修と（　サ　）研修がある。

❿ 校務分掌組織の構成員は（　シ　）が任命する。

⓫ 多くの小学校教育では、教員1人が学級を担任する（　ス　）制がとられている。

⓬ ある自治体では、高学年を中心に、社会、算数、理科、音楽、図工、体育専任教員による（　セ　）制を採用している。

答え

問3　ア：教員としての自分自身に関わること　イ：教務主任　ウ：教育委員会　エ：児童理解　オ：教職調整給　カ：初任者研修　キ：10年経験者研修　ク：司書教諭　ケ：教員公務員特例法第21条　コ：校内　サ：校外　シ：校長　ス：学級担任　セ：教科担任

| 問4 | 次の小学校教員の仕事のうち、学級担任の仕事はどれか。 |

❶ 自治体の教育委員会に授業計画を説明に行く。
❷ 保護者会で、学校での子どもたちの様子を映した動画を上映した。
❸ 体育の授業でマット運動を子どもに指導する。
❹ 小学校の子どものために、給食をつくる。
❺ 教室の暖房が壊れてしまったので、修理した。
❻ 当番制で、子どもが登校してくる所を正門で迎える。
❼ 給食を子どもと一緒に食べる。
❽ 毎日、学級で帰りの会をする。
❾ 学校全体の年間行事の計画や教育計画を立てる。
❿ 教員の異動人事をきめる。

| 問5 | 次の仕事のうち、小学校教員の仕事ではないものはどれか。 |

❶ 都道府県の教員研修センターへ研修を受講に行った。
❷ 先輩の教員にすすめられた、「授業を創る」という本を読む。
❸ 休み時間に子どもと遊んだ。
❹ 1週間休んでいる子どもの家庭を訪問した。
❺ 学級の子どもが話していたマンガを買って読んだ。
❻ 学級の子ども話したことを、記録する。
❼ 公開中の映画について、学級の子どもが一生懸命話してくれるので、休日に見に行った。

答え

問4　❷❸❻❼❽　　問5　該当なし

Column 4

小学校教員インタビュー④

Q.教員のやりがいは何ですか?

大阪府 Dさん

「できない子どもにどうやって教えようか」、「どうしたらできるようになるか」を教員は絶えず考えています。考えぬいて出した答えが正しいかどうか。それは子どもたちの成長でわかります。しかも、それぞれに違う結果を見せてくれるので、子どもたちに教えてもらうことも多く、子どもと一緒に成長できる職業なのです。

山口県 Eさん

ある教え子からソーシャルネットワークサービス経由でメッセージを貰いました。私の教えたことへの感謝でした。彼は、授業に遅刻してきても、誰かを泣かせても、いい訳ばかりで謝ることができない子どもでした。メッセージには、「E先生の『できるやつは謝り上手なんだぞ』という言葉をずっと覚えていて。去年、営業成績優秀の表彰式でハワイに行ったのです」とありました。当時の彼からは、想像もできないことで、とても嬉しかったです。

東京都 Fさん

大変なことも多くありますが、何かを成し遂げたときの子どもたちの笑顔を見ると、どんな苦労もすっかり吹き飛びます。私はあの笑顔のために仕事をしているようなものだと、常々感じています。

Chapter 4

小学校教員の専門常識 その4
小学校教員になるために

小学校教員になるためには試験、科目の履修、教育実習などがあります。大学で教員免許を取得し、各自治体の教員採用試験に合格して採用されるというコースが一般的ですが、それ以外にも教員として働く方法はあります。それぞれの仕組みや制度を知り、傾向と対策を準備しておきましょう。

> 今、教育現場には若い力求められています。教員になって「教壇に立つんだ」という思いがあれば、教員免許の取得、採用試験の関門もきっとクリアできるでしょう。目を輝かせた子どもたちが、あなたを待っています！

| Chapter 4 | 小学校教員の専門常識その4　小学校教員になるために |

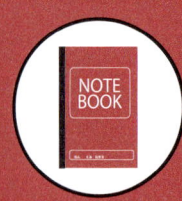

教員が持つべき資格

- 情熱、力量、人間力が求められる
- 多様な経験から、総合的な人間力を高める努力が必要

教員に求められる資質

　小学校教員になるためには、科目の履修や受験という壁を越える必要があります。

　最も大切なことは、採用試験に合格することです。採用試験は、筆記試験だけでなく、面接や論文がありますが、ここで重要視されるのは、教員としての資質・能力を備えた人材かどうかです。**教員に求められる資質能力**を確認しておきましょう。

幅広い経験で人間力を高める

　文部科学省が求めている教員の資質能力は、**教員の仕事に対する情熱、教育の専門家としての確かな力量、総合的な人間力**です。

　仕事に対する情熱は、「なぜ教員になりたいのか」「自分のどんな資質が教員として向いているか」を自分に問い続け、意識を高める努力をしましょう。教育の専門家としての力は、教職課程で身につけます。

　では、**総合的な人間力を高める**には、どうすればよいと思いますか？　本を読んで専門知識を吸収することも大切ですが、サークル活動、アルバイト、地域ボランティアへの参加を通して、幅広い年代、背景、考え方を持った人たちと「話す」「同じ体験をする」ことも重要でしょう。その積み重ねが、総合的な人間力を高める助けになります。

教員資格を取得するまでのステップ

　小学校教員になるには、教員免許を取得できる大学、短期大学に入学するのが一般的です。また、通信講座での取得も可能です。受講資格が学校により異なり、卒業生や在学生にのみ、受講資格がある大学もあります。どこの通信制課程に入学できるかは、よく確認しましょう。これら以外の方法には、教員資格認定試験に合格することです。教員資格認定試験の受験情報は、文部科学省のホームページ（http://www.mext.go.jp/）などで確認できます。

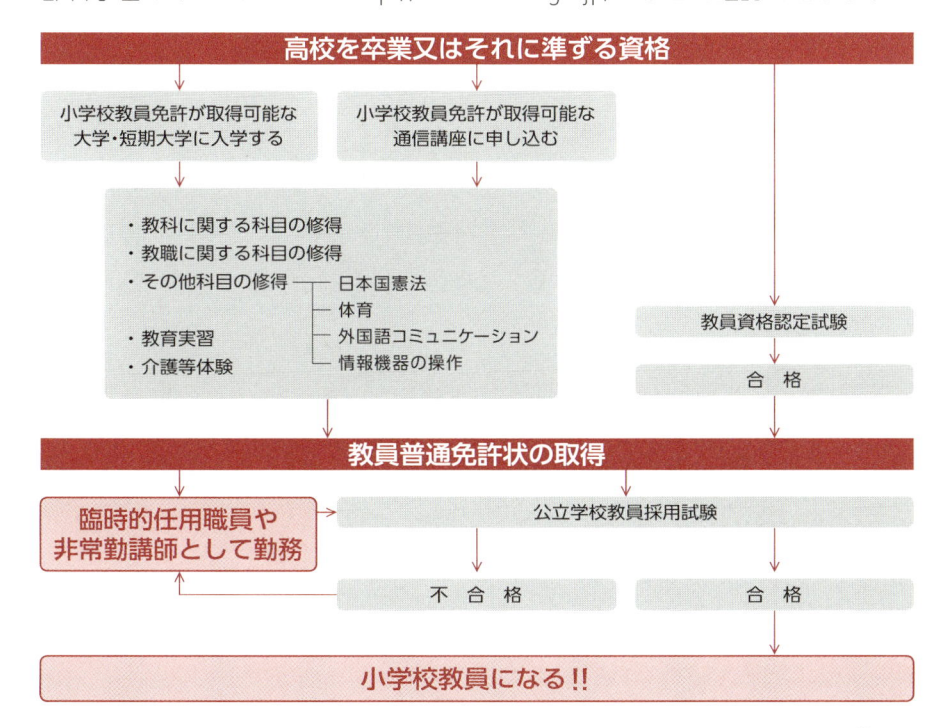

```
             高校を卒業又はそれに準ずる資格
     ↓                                    ↓
┌──────────────┐              ┌──────────────┐
│小学校教員免許が取得可能な│              │小学校教員免許が取得可能な│
│大学・短期大学に入学する │              │通信講座に申し込む　　　│
└──────────────┘              └──────────────┘
     ↓
・教科に関する科目の修得
・教職に関する科目の修得
・その他科目の修得 ── 日本国憲法
                    体育
                    外国語コミュニケーション
・教育実習            情報機器の操作            ┌──────────┐
・介護等体験                                    │教員資格認定試験│
                                                └──────────┘
                                                      ↓
                                                ┌──────┐
                                                │ 合　格 │
                                                └──────┘
              教員普通免許状の取得
     ↓                      ↓
┌──────────────┐      ┌──────────────┐
│臨時的任用職員や　　　│←─────│公立学校教員採用試験　│
│非常勤講師として勤務　│      │                    │
└──────────────┘      └──────────────┘
                             ↓              ↓
                        ┌──────┐    ┌──────┐
                        │不　合　格│    │合　格│
                        └──────┘    └──────┘
                                            ↓
                        ┌──────────────────┐
                        │　　　小学校教員になる!!　　　│
                        └──────────────────┘
```

MEMO　小学校教員に会いに行こう

　小学校教員を目指すなら、担任だった先生に会いに行ってみましょう。教員になる情熱がさらに掻き立てられたり、自分の将来がより現実的に感じられることでしょう。小学校でのインターンやボランティアに参加してみることもおすすめです。教員の自覚を持って参加することで、新しい発見があるはずです。

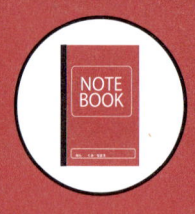

Chapter 4　小学校教員の専門常識その4　小学校教員になるために

教員免許状の種類

● 普通免許状は、3つの種別がある
● 一般社会から広く教育人材を募る教員資格認定試験

普通免許状

　学校の教員になるには、教育職員免許法に定められた教育職員免許状が必要です。この免許には**普通免許状・特別免許状・臨時免許状**の3種類があります。一般的に**教員免許と言われたら「普通免許状」**のことです。普通免許状は基礎資格によって専修、一種、二種の3つに分けられますが、職務に違いはありません。

　種別による採用の有利、不利は基本的にありませんが、一部の私立学校では第一種免許状、専修免許状の取得を出願資格にしているところもあります。

専修免許状：大学院修士課程修了（修士）で取得可能。
第一種免許状：大学卒業（学士）で取得可能。
第二種免許状：短期大学卒業（準学士）で取得可能。

　普通免許状を持つ者は教育職員免許法第九条の五において、**第一種免許状取得の努力義務**が定められています。

```
                ┌─ 専修免許状   （大学院／91単位）
普通免許状 ──────┼─ 第一種免許状 （大学／67単位）
                └─ 第二種免許状 （短期大学／45単位）
```

教員資格認定試験

教員資格認定試験は、一般社会から優れた人材を求めるために設けられた試験制度で、**大学・短期大学の卒業資格が必要ありません。**この資格を取得すれば、教職課程を修了していない人や、高等学校卒業者でも第二種免許状を得られます。試験に合格し、第二種免許状を取得した後は、教職課程の修了者と同じように**教員採用試験を受験**することができます。

教員資格認定試験の一次試験は、**マークシート形式の筆記試験**、二次試験は**論述式の筆記試験、実技試験、面接試験**です。三次試験は教育実習に相当する「指導の実践に関する事項に係る試験」で、小学校に赴き授業を見学した後、指導案の作成や、受験生中心の研究討論などをするものです。**一次試験を合格すれば、二次試験が不合格になっても、翌年度は一次試験が免除されます**。大学卒業者や持っている資格によっては、免除される科目もあります。

試験は**小学校9教科（国語、社会、算数、理科、生活、音楽、図画工作、家庭、体育）の中から一教科の論述試験、音楽、図画工作、体育のうち2教科の実技試験を含む6教科を選択**して受験ができるので、苦手な教科を省くことも可能です。文部科学省のホームページ（http://www.mext.go.jp/）から、過去5年分の問題がダウンロードできます。

また、資格取得を目指す場合は、文部科学省が発表する試験予定を確認しましょう。出願受付は5月末から6月初め、試験日は毎年8月の終わりから9月初めです。試験会場は、全国6ヶ所から選択可能です。

MEMO　教員資格認定試験の受験資格

- 大学（短期大学含む）に2年以上在学し、かつ、62単位以上取得した者及び高等専門学校を卒業した者並びにこれらの者と同等の資格を有すると認められる者。
- 高等学校を卒業した者その他大学（短期大学及び文部科学大臣の指定する教員養成機関を含む。）に入学する資格を有する者で、受験予定年4月1日における年令が満20歳以上の者。

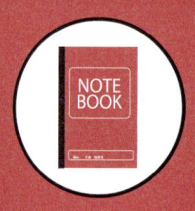

Chapter 4　小学校教員の専門常識その4　小学校教員になるために

特殊な教員免許状

- 養護教諭普通免許状は保健室の教員になるために必要
- 教員免許には普通免許状のほか、特別免許状と臨時免許状がある

養護教諭普通免許状の第一種と第二種の違い

　養護教諭（保健室の教員）になるために必要な**養護教諭普通免許状**には、保有資格と大学や養護教諭養成機関での単位の取得、養護教諭養成機関での勤務期間によって**一種免許状または、二種免許状**があります。この種別による**業務内容に違いはありません。**

	保有免許	単位の取得	必要な在籍・勤務期間
養護教諭第一種免許状	なし	四年制大学の養護教諭養成課程を修了	なし
	看護師	養護教諭養成機関で必要単位を取得	養護教諭養成機関に1年以上在籍
	保健師	養護教諭養成機関で必要単位を取得	養護教諭養成機関に1年以上在籍
	小学校教諭二種免許状	養護教諭養成機関で必要単位を取得	養護教諭または助教諭として3年以上勤務、教育職員検定に合格
養護教諭第二種免許状	なし	短期大学の養護教諭養成課程を修了	なし
	保健師	教育職員免許法施行規則第66条の6に定める科目（※）の単位や養護教諭養成機関などで取得	なし
	臨時免許状	養護教諭養成機関で必要単位を取得	養護教諭または助教諭として6年以上勤務、教育職員検定に合格

※「日本国憲法」、「体育」、「外国語コミュニケーション」、「情報機器の操作」

社会人でも教員になれる特別免許状と臨時免許状

教員免許には、普通免許状のほかに**特別免許状**と**臨時免許状**があります。特別免許状は、**免許状を持たない社会人が教員になる場合**、臨時免許状は**所持している免許状以外の教科を担当する場合**に適用されます。

特別免許状 優れた知識や技能を持つ社会人を採用し、教育現場の多様化への対応と、活性化を図るために用いられます。**各自治体の推薦に基づき、教育職員検定に合格すれば授与**されます。取得した自治体内でのみ、10年間有効です。採用条件は担当教科の知識や技能、社会的な経験や見識を持っていることです。かつては大学卒業の条件がありましたが、2002年に廃止されました。特別免許状を取得したのち3年以上勤務、所定の単位を取得すれば普通免許状が取得できます。職階は、普通免許状の教員と同じ教諭です。

臨時免許状 学校が普通免許状を持つ人を採用できない場合に限り、用いられます。臨時免許状で採用された者は助教諭、養護教諭を補助する場合は養護助教諭という職名になります。**各自治体の推薦に基づき、教育職員検定に合格すれば授与**されます。取得した自治体内でのみ、3年間有効です。継続する場合は手続きが必要です。

> 教員になる方法は1つではありません。社会人になっても教員になる夢をあきらめず、チャレンジできます！

MEMO：特別非常勤講師とは

特別非常勤講師には、免許状がありません。届け出のみで特別非常勤講師となります。優れた知識や技能を持つ社会人が教育に参加し、教育の多様化、活性化を図る制度です。例としては「書道塾経営者による、書道書写の指導」「和太鼓奏者による、和太鼓の指導」などがあり、ジャンルはさまざまです。

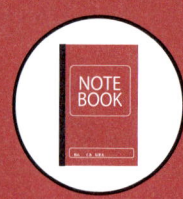

Chapter 4 小学校教員の専門常識その4　小学校教員になるために

小学校教員の免許について

- 通信教育なら自宅でも教員免許状が取得できるが、合格率は低い
- 社会人で取得を目指す場合は、通学の日程に注意

通信教育には、正科生と科目履修生がある

　教員免許状を取得するために、時間に制約があり通学が難しい人達に多く活用されるのが、自宅で学習ができる通信制の大学です。入学時期は多くの場合、**4月と10月**。入学審査は書類選考のみで、筆記試験はありません。通信教育による免許状取得には、正科生として大学へ入学するケースと、科目履修生として入学するケースがあります。正科生として免許取得を目指す場合は、通常の大学進学と同じように高校卒業の資格が必要です。**教育実習や、介護等体験も義務化**されています。

　一方、**科目履修生**の場合は、教育免許に必要な単位のみの取得を目指すもので、すでに免許状を持っている人がランクアップを目指したり、他教科の免許状の取得が目的になります。また過去に大学で単位を取得していて、教育免許状取得に足りない単位のみを修得することもできます。

通信教育でも通学は必要

　通信制とはいえ、ほとんどの大学で、教員から直接指導を受ける**通学が必要な授業が組み込まれています**。正科生が卒業に必要とする単位の約4分の1を通学義務化している大学もあります。**土日や夜間**に通学できる大学もありますので、社会人で時間に制約のある人でも教員免許の取得を目指せます。

免許更新制度

　教員免許更新制度は、教員が定期的に最新の知識や技術を習得し、社会状況の変化や、学校教育におけるさまざまな問題に対応できるようになることを目的に実施しています。

　教員免許状は10年ごとの更新で、期限満了日の2年2ヶ月から2ヶ月前までの2年間に、**30時間以上の講習**を受ける必要があります。対象者は教員、採用内定者、教員経験のある者、臨時任用（または非常勤）リスト登録者などです。免許状を持っていても教員経験のない人や、教員になる予定がない人は対象外です。

　免許管理者に申請するだけで更新できる、**免除対象者の制度**があります。対象者は、免許状に関する知識技能で表彰されたことのある「優秀教員表彰者」や、校長や教頭、指導主事などの教員を指導する立場にある人です。病気や産休などで**「やむを得ない事由」**がある場合のみ、**免許状の有効期限を延長する制度**も定められています。

免許状更新講習の内容

事項	内容
教職について振り返る	●学校をめぐる近年の状況変化について ●自身の教員生活を振り返ること、子ども観や教育観などを省察すること
子どもの発達や生活の変化を理解する	●子どもの発達に関する、最新の脳科学や心理学に基づく情報 ●子どもの生活変化を踏まえた具体的な指導上の課題について
教育政策の動向を知る	●教育に関する法改正の状況 ●学習指導要領改正の動向について
学校組織のあり方と危機管理	●さまざまな問題に対する学校組織の一員としての対応について ●学校における危機管理
教科指導について	●指導法や、指導法の背景となる専門知識について

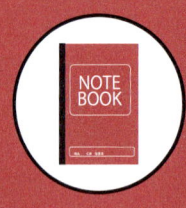

Chapter 4 小学校教員の専門常識その4　小学校教員になるために

教育実習

- 教育現場で、実践を伴う重要な実習
- 実習前の教材研究や指導案の作成も重要

教育養成課程の総仕上げ

　教員免許を取得するための必修科目に教育実習があります。**5〜7月、9〜10月頃**、教育実習生を受け入れてくれる小学校で、**4週間の教育現場を体験**します。指導を担当する教員の監督のもと、教壇に立ちます。

　教員養成課程の最大の関門と言ってもよい教育実習で教員の仕事に改めて楽しさを見い出す人もいれば、自信をなくして教員への道をあきらめてしまう人もいます。自分が想像していたよりもうまく実行できなかったからといって自分は向いてないと決めつけるようなことはせず、経験を糧にしましょう。

実習校選びからガイダンスまで

　教育実習を受け入れる小学校は、実習生が国立大学の教員養成系学部に在学していれば、附属小学校や公立の協力校が該当します。私立の場合は系属の初等部でおこなう以外は、出身校で実習することが多いです。受け入れ依頼は、**実習をおこなう前々年度の3月頃**から前年度の夏休みぐらいまでにおこないます。

　教育実習に先立って実習校によるガイダンスがあり、学校の様子を見学したり、受け持つクラスについて説明を受けます。また、実際にどの教科を担当するのか確認し、授業の進めかたについてまとめた**指導案（学習活動案）**を作成します。

　名簿をもらい、受け持つクラスの子どもの名前を覚えておくことも大切です。

教育実習の1日の流れ

実習生とはいえ、子どもたちから見れば立派な先生です。身だしなみを整え、先生らしい態度で臨みましょう。

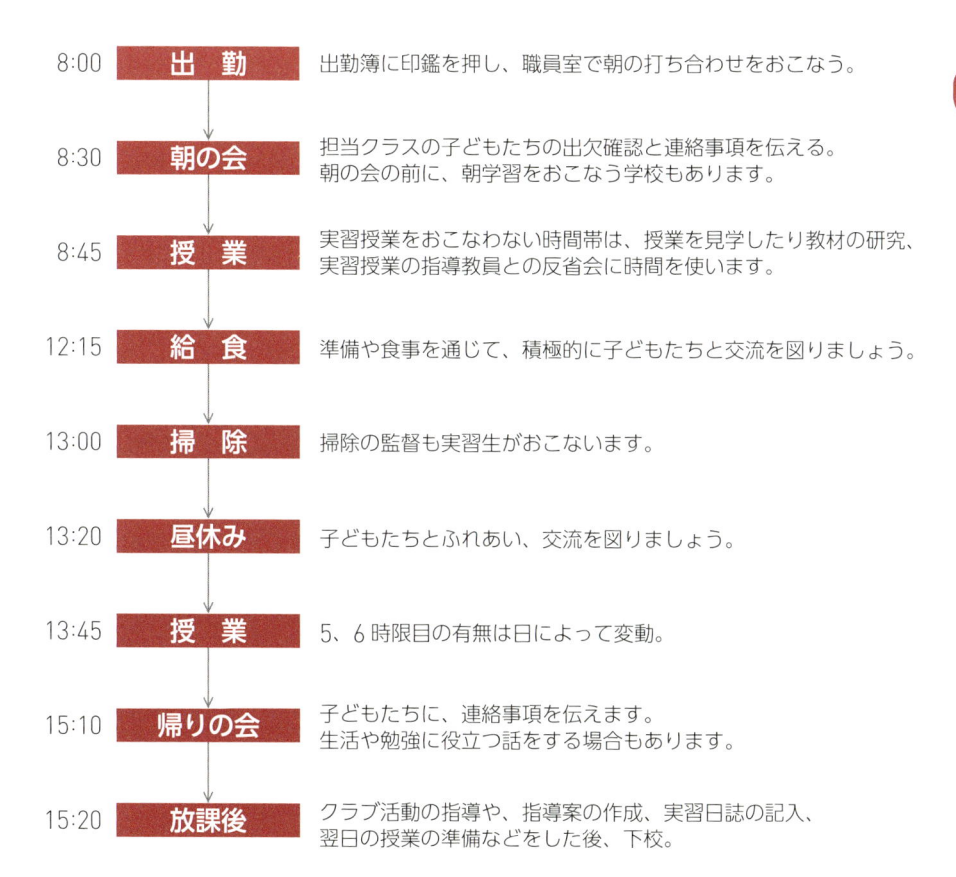

8:00	出勤	出勤簿に印鑑を押し、職員室で朝の打ち合わせをおこなう。
8:30	朝の会	担当クラスの子どもたちの出欠確認と連絡事項を伝える。朝の会の前に、朝学習をおこなう学校もあります。
8:45	授業	実習授業をおこなわない時間帯は、授業を見学したり教材の研究、実習授業の指導教員との反省会に時間を使います。
12:15	給食	準備や食事を通じて、積極的に子どもたちと交流を図りましょう。
13:00	掃除	掃除の監督も実習生がおこないます。
13:20	昼休み	子どもたちとふれあい、交流を図りましょう。
13:45	授業	5、6時限目の有無は日によって変動。
15:10	帰りの会	子どもたちに、連絡事項を伝えます。生活や勉強に役立つ話をする場合もあります。
15:20	放課後	クラブ活動の指導や、指導案の作成、実習日誌の記入、翌日の授業の準備などをした後、下校。

MEMO 実習授業を成功させるためには

子どもたちの集中力を保たせながら、わかりやすい授業をおこなうために、教材研究は、念入りに行いましょう。写真や図、模型などの教材を利用すると、具体的に伝わりやすくなり、理解度が増すでしょう。ハキハキとした大きな声で話すことを意識し、問題を解かせたり、指名して授業への参加を促すことも大切です。

Chapter 4　小学校教員の専門常識その4　小学校教員になるために

教員採用試験

● 教員採用試験は狭き門だが、倍率は低下傾向にある
● 筆記試験と人物試験で能力と人間性を判定

教員採用試験について

　教員採用試験の正式名称は、**公立学校教員採用候補者選考試験**と言い、この試験に合格すると候補者採用名簿に名前が記載され、学校の採用が可能になります。試験は毎年夏に実施します。狭き門と言われる教員採用試験ですが、近年倍率は下降傾向があり、平均倍率は4倍台ほどで、さらに今後、団塊世代の大量退職によって倍率が下がることが予想されています。倍率は自治体によっても大きく異なり、最も低い県では2倍程度ですが最も高い県は13倍にもなり、大きな隔たりがあります。志望する自治体の倍率は、よく確認しておきましょう。

　受験する自治体をどこにするのかは、熟考しましょう。この先何十年も住みたい場所なのか？　その地域の子どもの育成にかかわりたいのか？　肯定的な答えが思い描ける自治体を受験しましょう。

併願受験も可能

　教員採用試験は試験日が違えば、複数の自治体を併願することが可能です。自治体によって問題の傾向は違うので、自治体ごとの対策が必要です。中途半端な対策で受験をしても時間と労力の無駄になりかねませんので、余裕がない場合は無理して併願をせず、1つに決めて確実な合格を狙いましょう。

筆記試験では能力、人物試験では人間性を評価

　教員採用試験の実施内容は自治体によって異なりますが、一般的には下記のように分類されます。筆記や実技によって教員としての能力を、人物試験で人間性を考査します。各試験の出題内容を把握し、しっかりと対策を立てましょう。

教職教養 教育法規や教育史など、教職に関する基礎的な知識が問われる。最近では試験を実施する自治体の学校教育方針など、地域特有の問題も出題される。

一般教養 義務教育期間に学んだ、一般的な知識や教養が問われる。問題のレベルは基礎的なものがほとんどだが、出題範囲は広い。

専門教養 各教科の専門的な知識や学習指導要領、指導法が問われる。小学校の場合、全教科から出題される。学習指導要領に基づいた問題が多く出題される。

実技試験 ピアノやオルガン演奏、水泳、デッサンなど、実技教科の技術や能力が問われる。近年は、英会話の実技を取り入れている自治体も増えてきている。

論文、面接、模擬授業などの人物試験 論文や面接などを通じて教員としての資質や能力、人物像や熱意を評価し、実際に授業をおこなう模擬授業では指導力も試される。近年は人物が重視される傾向にあり、人物試験の結果は合否に大きく関わるので、入念な対策が必要。

MEMO： 新卒者は経験値よりもやる気でアピール

　教員採用試験は新卒だけでなく、非常勤講師などで教員を経験している人も多く受験します。経験の点で、新卒は彼らにはかないません。最近の採用者数を比べると、教職経験者が50％台なのに対して、新卒は30％台と苦戦が見られます。新卒にとっては不利な状況ではありますが、人物試験では熱意も評価の対象の一つです。新卒者はできる限りのやる気を見せて、経験不足を補いましょう。

募集要項を入手

　教職員採用試験を受験するには、試験に関するさまざまな情報や願書が含まれている**募集要項を入手する必要**があります。自治体によって異なりますが、募集要項の配布は**毎年4〜5月頃**です。配布から締め切りまでの期間が短い自治体もありますので、期限直前にあわてることのないように、配布時期は前もって確認しておきましょう。**試験はほとんどの自治体で**一次試験は7月中、二次試験は8〜9月の2回実施されます。合格発表はそれぞれ1ヶ月以内におこなわれ、一次試験に合格した者だけが、二次試験に進むことができます。一次試験の合否が出るまでは落ち着かないかも知れませんが、二次試験の対策はすぐに始めましょう。

試験に合格してもすぐには教員になれない

　二次試験の合格発表は9月下旬〜10月上旬で、合格すると教員採用名簿に登録されます。しかし、**名簿に登録されたからと言って、すぐに教員になれるわけではありません**。名簿の登録期間は1年間で、その間に学校からの採用の連絡があれば、面接を経て晴れて教員になれます。登録期間が切れるまでに採用がなければ、また試験を受け直さなければなりません。とはいえ、必要と予想される人数しか教員採用名簿に登録しない自治体も多いので、名簿に名前が載った時点でほぼ採用と考えてよいでしょう。

ランク制度のある自治体もある

　名簿に採用試験の結果に応じて、**教員採用名簿に2段階もしくは3段階のランクを付ける自治体もあります**。その場合は、ランク上位の候補者から採用されていくことになります。このランクは合格通知に記載されている場合や、問い合わせることによって教えてもらえる場合など、自治体によってさまざまです。合格者は試験結果の上位から順に、採用名簿に掲載されます。採用希望の市区町村の教育委員会はこの名簿から選び面接し、採用となります。

受験資格について

　教員採用試験を受験するには、小学校教員の場合は小学校教諭普通免許状など、区分に該当する免許状を持っていることが最低条件になります。大学に在学中の場合は、免許状の取得見込証明書を提出します。公立学校の教員は地方公務員なので、地方公務員法に定められた欠格事項に該当する場合は、試験を受けることができません。さらに教員の場合は、**学校教育法や教育職員免許法における欠格事項**があります。欠格条項・事由は、次の通りです。

- 18歳未満の者。
- 成年被後見人、被保佐人。
- 高等学校を卒業していない者（高等学校に相当する学校を卒業した者は除く）。
- 禁固以上の刑に処せられた者。
- 免許状が効力を失い、その失効の日から3年を経過しない者。
- 免許状取り上げの処分を受け、その処分の日から3年を経過しない者。
- 日本国政府を暴力で破壊することを主張する政党や団体を結成、又はこれに加入した者。

年齢制限について

　教員採用試験に年齢制限を設けている自治体もあります。制限は自治体によってさまざまですが、**36～50歳の間で制限**を設けている自治体が多いようです。最近は多様化する教育現場をより活性化するため、社会人経験者の採用が積極的になっています。そのため**自治体によっては年齢制限を撤廃したり、制限を大幅に引き上げるなど緩和の方向**へと向かっており、この傾向は今後も続きそうです。

> **MEMO　教育採用試験の際の提出書類**
>
> 　教員採用試験に申し込む際は、さまざまな書類が必要です。願書（志願書）／教員免許状の写し、または取得見込証明書／卒業（修了）証明書、または卒業見込証明書／卒業（修了）学校、または在学校の成績証明書／卒業（修了）学校、または在学校の人物証明書／健康診断書／写真／返信用封筒。このほか自己PR文や課題レポートなどの提出を求める自治体もあります。締め切りには余裕を持って、準備を進めましょう。

Chapter 4 小学校教員の専門常識その4 小学校教員になるために

一般教養・教職教養

- 自治体の出題傾向を把握することが重要
- 時事問題や自治体固有の地域問題にも注目しておく

一般教養試験とは

　一般教養試験は、**社会人としての一般常識や教養、基礎的な学力**を試すものです。**社会科学**（地理、歴史、公民）、**自然科学**（数学、生物、物理、化学、地学）、人文科学（現代文、漢文、古文、英語）の3分野で構成されており、**出題は広範囲に及びます**。中学、高校レベルの問題が中心ですが、近年は**時事問題や地域特有の問題の比率を高くしている自治体**もあります。また、東京都や大阪府など一般教養試験を実施しない自治体もありますので、受験する前に募集要項で確認しましょう。

範囲の広い一般教養は効率よく学習する

　一般教養は範囲が広く、漠然と勉強するだけでは時間と労力の無駄になってしまいます。受験する自治体の過去問題に取り組み、**問題の傾向を把握しましょう**。その後、中学や高校時代の教科書を使い、出題された範囲を重点的に学習するとよいでしょう。

　時事問題の試験対策は、新聞を普段から読むことです。**国際問題や、経済、環境、医療福祉などの分野は特に重要**です。時事問題は教職に就いてからも大事な知識です。社会人としての常識を身につけるつもりで常に関心を持ち続けましょう。自治体の教育施策や時事ニュースなどの地域特有の問題を出題するところも増えています。**受験する自治体の動向には常日頃から注目**しておきましょう。

教職教養は4つの分野にわけられる

教職教養は、**教育原理、教育史、教育心理、教育法規**などの分野から構成されています。近年では、時事問題や地域特有の問題の出題も増えています。毎日コツコツと新聞を読むなどして、多面的な教養を身につけましょう。

教育原理 学校教育をおこなう上での原則的な知識が問われる。**生徒指導提要や学習指導要領から多く出題される傾向。特に学生指導要領の改訂の変遷や総則、道徳、外国語活動、総合的な学習の時間、特別活動は重点的に学習する。教育時事対策**として、本書で扱っている、文部科学省の〈通知〉や、諮問機関である中央教育審議会の答申を一読する。いじめについて、発達障害の理解は多く出題される傾向にある。

教育史 西洋、東洋の教育家や学者などの人物や、教育に関する歴史的な出来事についての問題が多く問われる。**人名、業績などを結びつけられるようにしておく。**

教育心理 発達・学習、心理療法や知能検査などについて問われる。**心理学を構築してきた人物やその理論に関する問題が多く出題される。**最近は、不登校などに非社会的行動や、発達障害についての問題も多く出題される傾向がある。

教育法規 **「地方公務員法」**や**「教育公務員特例法」**から多く問われる。特に、地方公務員法で定められている**職務上の3つの義務、身分上の5つの義務**については、覚えておく。教育公務員特例法の教員研修についての問題も多く出題される傾向にある。

4 小学校教員の専門常識その4 小学校教員になるために

MEMO 専門教養試験について

教養試験は、一般教養、教職教養の他に、授業に必要な知識や指導力を試す専門教養があります。小学校担任は全教科を教えるので、試験範囲も全教科が対象です。学習指導要領に基づいた指導案、学習活動案の作成もおこないますので、指導案作成の練習をしておきましょう。

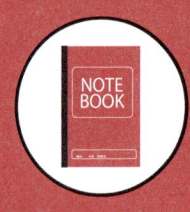

Chapter 4　小学校教員の専門常識その4　小学校教員になるために

採用面接

- 個人面接、集団面接、集団討論などの形式がある
- 人柄、態度、見識、責任感、協調性など、多角的にチェックされる

採用面接について

　面接試験はどの自治体でも必ず実施されています。筆記試験ではチェックできない教師としての**資質**や**人物を評価する**ためにおこなわれるもので、面接の結果が試験の合否に大きく影響します。

　面接には、**個人面接と集団面接、集団討論**があります。一次試験、または二次のみ面接する自治体もありますが、一次で集団面接、二次で個人面接、集団討論というように、一次と二次の両方で面接する自治体も多くあります。

試験官がチェックすること

人柄・態度・品位
- 誰とでも平等に接することができ、相手に好感を持たれる人間性であること。
- 質問に対して受け答えが適切であること。質問を聞くときの表情に好感が持てること。
- まじめさ、誠実さがあること。

責任感・判断力
- 教育に関わる責任感を持ち、学校の仕事に責任を持って関われること。

見　識
- 社会一般の常識があり、法やルールを重んじることができること。
- 子どもの指導に熱心で、規範意識に偏りがなく、保護者から信頼されること。

協調性
- 1人よがりの考えをせず、同僚や先輩と協調することができること。
- 保護者や地域住民とのつながりをしっかりと持てること。

面接の種類と傾向について

個人面接 15〜30分程度で、1人の受験者に面接官が2、3人で質疑をおこなう。願書や面接調査票をもとに、履歴や身上、志望動機や教育観、学習指導や子どもの指導に関することなど、さまざまなことが質問される。1〜3分程度の時間制限の中で自己PRをさせる場合もあるのであらかじめ考えをまとめ、練習しておく。

集団面接 30〜60分程度。5〜10人の受験者に面接官2〜4人が質疑をおこなう。はじめに受験者全員が自己紹介、自己PRをする。面接官が投げかける「仕事・給与・地位の中であなたが第一に求めるものは何か」などの質問は、基本的に全員が同じものだが、違う場合もある。答える順番は番号順、挙手、面接官が指名するなど、多様。他の受験生の回答について質問や意見を発言させる場合もある。

集団討論 30〜50分程度で、5〜10人を1グループにしておこなう。面接官が発表したテーマについて、それぞれの受験者が意見を発表した上で、受験者同士で討論。面接官は討論には参加しない。集団討論が試験にある目的は、短時間で受験者の人間性を他の受験者と相対的に比較して知るためである。あらかじめ考えられる質問は想定し、自分なりの考えをまとめ、家族や友人と話し合うことで準備する。文章にまとめるだけでもしておくこと。

MEMO：面接のNG行動

以下のような態度は、面接官に悪い印象を与えるので注意しましょう。
- 話す内容が順序だっておらず、だらだらと話す。
- 決められた時間を守らずに話し続ける。
- 早口すぎて、聞き取れない。
- 気むずかしい表情をしている。
- 視線が定まらない。
- 前髪で目が隠れていて表情がわかりにくい。
- イスに座る際、足を開きすぎている。

Chapter 4 小学校教員の専門常識その4　小学校教員になるために

実技試験と論作文試験

- 実技試験は自治体による。音楽、図工、体育が一般的である
- 自治体の実技試験の傾向を知ることが大切

一般的な実技試験は音楽、図工、体育

　実技試験はほとんどの都道府県でおこなわれています。試験科目は、音楽、図工、体育が一般的ですが、外国語活動やパソコン操作の試験などがある自治体もあります。実技試験は、二次試験でおこなう自治体がほとんどです。

一般的な実技試験

　一般的な実技試験は次の通りです。

音楽　ピアノ、オルガン、リコーダーによる演奏や弾き歌いがおこなわれます。オルガンを用いた演奏や弾き歌いは、多くの自治体で実施され、学習指導要領に示されている**中・高学年曲から多く出題されています。**

図工　色鉛筆や水彩による静物画の描写、粘土製作などをおこないます。描写では、モチーフの配置、構図、正確な描写や道具の特性がいかされているかなどが評価のポイントとなります。

体育　水泳、器械運動、ボール運動が試験内容です。水泳の実技試験は、ほとんどの自治体でおこなわれています。決められた種目で**25メートルは泳げること**が必須です。実技試験の目的は「子どもに指導できるかどうか」なので、**記録よりも正確さが要求されます。**指導のポイントを押さえた実技を心掛けましょう。

英語　短いパラグラフの音読や、音読した内容に関しての質疑応答をネイティブスピーカーとおこないます。

論作文の傾向について

　論作文は、ほとんどの自治体でおこなわれています。**教員採用の合否に関わる重要な試験**なので、しっかりと対策をたてましょう。多くの自治体は、論作文を二次試験で実施しています。出題されたテーマで、800～2000文字程度にまとめるのが主流です。

　テーマの内容は教師論、教育論、学習指導などで、たとえば長野県では「『はじめに子どもあり』ということについて考えを述べなさい」、京都府では「どのような教育が求められ、どのように進めていくか」についての論述問題などが出題されています。

　日頃から新聞や本を読み、**教育に関する問題意識や自分の意見を持っていることが大切**です。過去に出題された問題を入手し、論作文を実際に繰り返し書く訓練や、書いた論作文を友だち同士で読み合うことも、試験対策として有効でしょう。

　評価は、**全体の構成、テーマに即しているか、論旨は明確か、教員に必要な知識はあるか、自分の体験をもとにした独自性のある内容か**、などが重視されます。一般論に終始せず、自分の考えで、指定文字数の8割以上でまとめましょう。誤字脱字は厳禁です。時間の許す限り、見直しをしてください。

　文章力は一朝一夕では身につきません。新聞のコラムを書き写すだけでも文章力は身に付きますから、日頃から文章を書く練習をしておきましょう。試験では、「最後まで書き終える」ことも重要です。制限時間内に書ききるために、ある話題を決め、制限時間の配分を意識しながら書く練習もおすすめです。

MEMO：模擬授業について

　最近は、採用試験で模擬授業をおこなう自治体が増えています。授業時間は10～30分。前半の5～15分で指導案を作成し、後半の5～10分で授業をおこなうのが一般的です。教科では国語、社会、算数、生活、その他の領域では、道徳、特別活動（学級活動）など。採点のポイントは板書、発問、視線などで、実践力が評価されます。

Chapter 4　小学校教員の専門常識その4　小学校教員になるために

臨時採用教員と私立学校の教員採用

- 教員の免許状を持っていれば、臨時採用教員になれる
- 私立学校の教員採用には、統一試験がない

臨時的任用職員や非常勤講師とは

　教員採用試験に合格できなかった、または合格しても採用されなかった場合でも、教員になることができます。それが、臨時的任用職員や非常勤講師です。

　臨時的任用職員は、長期休業、長期研修の教員の代替や急な学級数の増加への対応として採用されます。仕事内容は教員と同じで、学級の担任、部活動の顧問、校務分掌などです。勤務時間は正規教員と同じで、採用の期間は、正規教員の休業期間となります。待遇は、正規教員と同等です。

　一方、非常勤講師は、決まった教科や授業を担当します。勤務時間は、正規教員より短く設定され、給与は時間単位で支払われます。

臨時的任用職員や非常勤講師になるには

　各教育委員会や地方自治体が窓口となって募集を行います。臨時的任用職員は登録制です。登録名簿の中から、必要に応じて連絡があり、勤務する学校での面接を経て、採用されます。登録するには、有効期限内の普通免許状を保持していること。地方公務員法、学校教育法、教育職員免許法に定められた教育職員としてふさわしくない事項や事由に該当しないことを求められます。

　非常勤講師は、地方自治体が独自に募集をします。自分の希望に沿った募集であれば応募し、条件面などを合意の上勤務しましょう。

　物事をすすめる、時間管理術を身につけておきましょう。

私立学校の教員採用について

　私立学校の教員には統一の採用試験はなく、学校ごとに独自の方法、基準があります。成績だけではなく、**校風や教育方針を理解しているか、それらに沿って子どもたちに教育ができるか**が採用ポイントになります。

　しかし、定期採用がないので**採用数が圧倒的に少ない**のが現実です。一般企業と同じように就職情報サービスを利用して教員公募をする学校もありますので、あきらめずに求人を探すところから始めましょう。

　教員募集情報は、**教員の補充を求める学校から、大学の就職部に届きます。そのほか、新聞広告、就職情報サイト、学校のホームページなど**で告知することもあります。

　採用試験の内容は学校によってさまざまですが、**書類選考、小論文、面接、グループ討議**などがあります。

優れた能力を持つ人の特別選考枠

　教員採用試験には、スポーツや芸術などさまざまな分野ですぐれた人材を採用するための**特別選考枠**があり、一般選考に比べて試験の内容が軽減されています。

　スポーツ特別選考を取り入れている青森県では、国際または全国規模の大会で優秀な成績を収めていると、**体育の実技試験が免除**になる例があります。

特別選考の種類
特別選考には次のような種類があります。
- スポーツ特別選考：国際または全国規模の大会での成績優秀者
- 芸術特別選考：国際または全国規模のコンクールでの成績優秀者
- 英語資格特別選考：TOEFL、TOEICの得点が一定以上、または英検1級の者
- 社会人特別選考：民間企業や官公庁で3年以上の経験を積んだ者
- 教職経験者特別選考：教員や非常勤講師の経験が一定期間以上ある者
- 障害者特別選考：1～6級程度の障害者手帳の交付を受け、自力で通勤、職務遂行が可能な者

小学校教員になるために
理解度チェック問題

問1 次の文は、小学校教員になるための方法について述べたものです。次の（　）に入る語句を答えなさい。

　小学校教員になるための一般的な方法は、教員免許を取得できる教育機関への入学である。教員免許を通学過程で取得できる機関は（ ❶ ）、（ ❷ ）、（ ❸ ）である。その他、通信過程で取得することも可能だ。教育機関に入学する以外の方法として（ ❹ ）試験がある。

問2 次の文は、教育職員免許状について述べたものです。次の（　）に入る語句を答えなさい。

　学校の教員になるには、（ ❶ ）法に定められた教育職員免許状が必要になる。この免許状には（ ❷ ）免許状、（ ❸ ）免許状、（ ❹ ）免許状の3種類がある。（ ❷ ）免許状は基礎資格によって（ ❺ ）免許状、（ ❻ ）免許状、（ ❼ ）免許状の3つに分けられる。

　教員資格認定試験とは、（ ❼ ）免許状を取得するための試験である。認定試験に合格すれば、高卒者であっても教育職員免許が取得できる。認定試験は第三次試験まで、第一次試験は（ ❽ ）形式の筆記試験。第二次試験は（ ❾ ）形式の筆記試験や、実技試験、面接試験がおこなわれる。第三次試験では「指導の実践に関する事項に係る試験」がおこなわれる。これは（ ❿ ）のかわりにおこなわれるものである。

答え

問1　❶短期大学　❷大学　❸大学院修士課程　❹教員資格認定
問2　❶教育職員免許　❷普通　❸特別　❹臨時　❺専修　❻第一種　❼第二種　❽マークシート　❾論述　❿教育実習　❺❻は順不同

問3 次の①〜③の問いに答えなさい。

① 優れた知識や技能を持つ社会人を採用し、教育現場の多様化への対応や、活性化を計るために用いられる免許状の名称を答えなさい。
② 普通免許場を有する者を採用することができない場合に限り、用いられる免許状の名称を答えなさい。
③ 養護教諭になるために必要な免許状の名称を答えなさい。

問4 次の文は教員免許制度について述べたものです。正しいものには○、間違っているものには×を記入しなさい。

① 教育免許状は、通信制の大学でも取得することができる。（　　）
② 教員が定期的に最新の知識は技術を学ぶことにより、社会状況の変化や、学校教育におけるさまざまな問題に対応できるようにすることを目的とした制度が、教員免許更新制度である。（　　）
③ いかなる場合も、免許状の有効期限を延長することはできない。（　　）
④ 特別免許状は、自分で申請ができる。（　　）
⑤ 通信制の大学で、普通免許状の取得をめざす場合、教育実習は免除となる。（　　）
⑥ 教員資格認定試験で取得できる免許状は第二種普通免許状である。（　　）
⑦ 通信制の大学で普通免許状を取得する場合、学士の学位があればどの大学でも入学できる。（　　）
⑧ 教員免許状には有効期限がある。（　　）
⑨ 特別非常勤講師という教員免許状がある。（　　）

答え

問3　①特別免許状　②臨時免許状　③養護教諭普通免許状
問4　①○　②○　③×　④×　⑤×　⑥○　⑦×　⑧○　⑨×

問5 次の①〜⑫の文は教員採用試験について述べたものです。（　）に入る語句を下の語群より選び、答えなさい。

① 教員採用試験の正式名称は（　　）である。

② （　　）は教育法規や教育史など、教職に関する基礎的な教養を問う試験である。

③ （　　）は義務教育期間に学んだ、知識や教養を問う試験である。

④ （　　）は各教科の専門知識や学習指導要領、指導法を問う試験である。

⑤ （　　）はピアノやオルガン演奏、水泳、デッサンなど、実技教科の技術や能力を問う試験である。

⑥ 教職員採用試験を受験するためには、願書などが含まれている（　　）が必要である。

⑦ 教員採用試験を受験するためには、在学中の場合、免許状の（　　）を提出する必要がある。

⑧ 地方公務員法に定められた（　　）に該当する場合は、試験を受けることが出来ない。

⑨ 教職員採用試験の募集要項の配布は（　　）頃である。

⑩ 教職員採用試験の一次試験は（　　）頃におこなわれる。

⑪ （　　）試験は筆記試験では見ることの出来ない教師としての資質や人物を評価するためにおこなわれる。

語群
2月〜3月、4月〜5月、7月、8月、9月〜10月、生徒指導提要、道徳教養、教職教養、一般教養、教育六法試験、実技試験、実務試験、取得見込証明書、仮免許証明書、グループ、面接、専門教養、教育基本法、欠格条項、例外規定、学校教育法、特別活動、効率学校教員採用候補者選考試験、小学校教員資格認定試験、併願試験

答え
問5　❶公立学校教員採用候補者選考試験　❷教職教養　❸一般教養　❹専門教養　❺実技試験　❻募集要項　❼取得見込証明書　❽欠格条項　❾4〜5月　❿7月　⓫面接

問6 次の文は、教員採用試験について述べたものです。正しいものには○、間違っているものには×を記入しなさい。

❶ 教員採用試験の2次試験に合格し、教員採用名簿に登録されるとすぐに教員になることが出来る。（　　　）
❷ 今現在は教員採用試験の年齢制限は存在しない。（　　　）
❸ 教員試験は試験日が異なれば、併願受験が可能である。（　　　）

問7 次の文は教育実習について述べたものです。正しいものには○、間違っているものには×を記入しなさい。

❶ 教育実習には、原則として大学などの教育機関が、小学校に受け入れの依頼をおこなう。（　　　）
❷ 教育実習の実施は5～7月頃で、普通免許の教員として教壇に立つ。（　　　）
❸ 教育実習生は、どのように授業を進めていくかをまとめた指導案（学習活動案）を作成する。（　　　）
❹ 実技試験は全国共通して、音楽、図工、体育、英語である。（　　　）
❺ 論作文で出題される内容は、年度や自治体により異なる。（　　　）
❻ 教職教養試験では、「教育原理」「教育史」「教育心理」「教育法規」の4つの分野から試験が出題される。（　　　）
❼ 教員採用試験の教職教養試験は、文部科学省が作成し、各自治体に提供している、全国共通試験である。（　　　）

答え

問6 ❶× ❷× ❸○　問7 ❶× ❷× ❸○ ❹× ❺○ ❻○ ❼×

Column 5

小学校教員の電話対応

　学校には、保護者や地域の住民などから電話がかかってくることがあります。電話対応の仕方で、問題が大きくなってしまう場合もあるので、誠意を持って丁寧な話し方を心がけましょう。

保護者や地域住民からの電話対応ポイント

① 話を聴く

　どんな要望でも、まずは耳を傾けましょう。学校としての立場から、説明や反論、否定をしたくなるかもしれませんが、まずは話を十分に聴きましょう

② 真摯に受け止める

　学校側の立場からすると、理不尽な要望に聞こえたとしても、相手の立場になると、妥当な意見の場合もあります。相手の本意がどこにあるのかを探りながら、相手の思いを受け止めましょう。

③ 即答はしない

　確実なことのみを答えましょう（例：入学式は何日。始業時間は何時など）。個人的な考えでの回答は避けます。

④ お礼を言う

　要望は、学校に期待をしているからでてくるものです。学校のためにわざわざ時間をさき、伝えてくれたことに感謝しましょう。

⑤ 要望を整理し、記録する

　電話がかかってきた日時、相手の連絡先、内容は記録します。

Chapter 5

覚えておきたい一般知識
社会・時事

教育現場にはさまざまな課題が山積しています。いじめ、不登校、いわゆるモンスターペアレントなど、授業以外の問題も少なくありません。具体的にどのような問題があるのか、子どもと接するうえで事前に理解しておく必要があるでしょう。また教員採用試験の「教職教養」でいじめについての出題頻度は高く、面接試験で質問されることもあります。

> いじめや不登校、体罰といった教育時事だけでなく、心理学的な知識も小学校教員は身につけておく必要があります。採用試験での出題頻度が高いので、しっかりと学習しましょう。

Chapter 5　覚えておきたい一般知識　社会・時事

学校教育の歴史

- 欧米式の近代学校教育制度を導入
- 戦後に制定された「教育基本法」により、民主的な教育制度の基礎が確立

日本の学校教育の変遷

　日本の学校教育の歴史には3つの変革期がありました。1つ目は明治維新によって江戸幕府が崩壊し新政府になった時期です。1872（明治5）年に学制を頒布し、欧米の教育制度を手本にして整備を進め、**教育勅語**を発布。**天皇を政治の中心とした国家を作るための教育**が実施されました。

　2つ目は、1947（昭和22）年に制定された**教育基本法**です。教育勅語は廃止され、連合国軍最高司令官総司令部（GHQ）が掲げた教育方針により、すべての人に教育の機会を保障する**民主的な教育制度が確立**しました。

　3つ目は、2006（平成18）年に制定された**新教育基本法**です。**国際競争の激化に応じた人材の育成を目標**に、旧教育基本法が大きく改訂されました。

教育に熱心な日本人

　日本の近代学校制度は明治維新後に確立しますが、その前から民間レベルでの教育が普及していました。**民衆に読み、書き、そろばんを教えていた寺子屋や、武士に儒学などの学問の教えていた藩校**などがそれにあたります。江戸時代には義務教育制度はありませんでしたが、寺子屋は誰でも開くことができました。学問のレベルは指導者の力量により千差万別だったようです。寺子屋数は16,000軒以上あり（文部省編集「日本教育資料」（1890-1892年刊 23巻））、江戸時代から教育に深い関心と情熱があったことが伺えます。

軍国主義に利用された「教育勅語」

1890（明治23）年に発布された国民の教育方針を示す**教育勅語**は、明治天皇が、山縣有朋内閣総理大臣と芳川顕正文部大臣に与えるという形式をとりました。ちなみに、勅語とは「天皇のお言葉」という意味で、この場合は、**明治天皇が直接国民に対して発した教育に関する基本方針**と言えます。

道徳教育が重視され、「父母への孝行」「夫婦の調和」「兄弟愛」「学問に励むこと」「遵法精神」のほか、国家の危機には進んで国と天皇家を守ることが掲げられました。

1930年代になると、**教育勅語**は、国民教育の思想的基礎として神聖化され、子どもたちは全文を暗誦することが求められました。**本来の趣旨と離れて、軍国主義の経典として利用された**のです。

戦後大きく変わった日本の学校教育

戦後の教育はGHQによって改革されていきます。すべての国民が教育を受ける機会の平等、大学の自治による、民主的な教育制度を目指し、教育課程や教育方針などが改められるとともに、日本国憲法にも教育についての条文が1947（昭和22）年に掲げられ、教育改革の基礎が定められました。

学校体系は小学校6年、中学校3年、高等学校3年、大学4年という6・3・3・4制のいわゆる単線型の制度になり、**国民学校が小学校**という名称に変わりました。また、戦後の食糧不足から健康保持のために**小学生に学校給食が始まった**のも、大きな施策の1つです。現代の小学校の原型がこのとき出来上がったといえます。

> **MEMO　6・3・3・4の単線型編制**
>
> 第二次世界大戦以降、GHQの教育方針に従って、制定された学校体系です。単線型は、目指す最終学歴による進路の分岐がないことを意味します。戦前（1935年頃）の制度は分岐型で、小学校を卒業したあとの進路が、小学校高等科（3年）、実業学校（2～3年制）、高等女学校（4～5年制）、中等学校（5年制）など、さまざまありました。

Chapter 5　覚えておきたい一般知識　社会・時事

学校教育の変遷

- 初代文部大臣により近代的な学校教育制度の基礎が完成
- 「教育基本法」「学校教育法」の制定により、民主的な教育制度が確立

教育の歴史を理解する

現在の学校教育は、**教育基本法**と**学校教育法**そして**日本国憲法**によって成り立っています。江戸時代の**寺子屋**や**藩校**から始まり、近代的な学校教育制度、そして民主的な現代の学校教育制度に至るまで、幾多の変化を経て現在の教育制度があるのです。

では、日本の学校教育制度はいったいどのような変遷をたどって来たのでしょうか？　江戸時代から現代に至る変遷を確認しましょう。

〜近世 師弟関係の教育が普及	民衆の教育→**寺子屋**：日常生活に必要な読み、書き、そろばんを学ぶ。 武士の教育→**藩校**：儒学を中心に高度な学問を学ぶ。 寺子屋で学ぶ子どもたち
近代〜第二次世界大戦 欧米式の学校教育方法を導入	**1872（明治5）年：学制の制定** ・全国を8つの学区に分け、その中で中学区、小学区に細分化。 ・階層、男女区別なく、すべての人に学校教育の機会を与える**「国民皆学」**の方針が立てられる。 ・小学校が8年制になる（下等小学4年、上等小学4年） ・欧米式の教員育成のための**師範学校**が設立される。 **1879（明治12）年：学制廃止して教育令を制定（1880年改正）** ・学制の中央集権的な制度を改め地方分権的な政策に転換。 ・1880年の改正で国家統制強化。修身が学科の筆頭に置かれる。 **1886（明治19）年：帝国大学令　師範学校令　小学校令　中学校令　公布** ・初代文部大臣**森有礼**により近代学校教育制度の基礎が出来る。

近代〜第二次世界大戦（欧米式の学校教育方法を導入）

1890（明治23）年：教育勅語　発布
- 天皇の「臣民」として国家への忠誠を尽くす教育方針を強化。

1900（明治33）年：第三次小学校令　公布
- 尋常小学校（義務教育）が**4年**制になる。
- 授業料が廃止され、**義務教育**制度が完成。

教育勅語が発布当時の文部大臣 森有礼

1907（明治40）年：尋常小学校（義務教育）が6年制になる
- 小学校就学率は100％近くに高まるが、一般の人々が中等、上等教育を受けるのは難しく、小学校卒業後、就職する人が多かった。
- 初等教育終了後にいくつかのルートに別れた**分岐型**の教育体制であった。

1908年小学校の授業風景
（写真：毎日新聞社／アフロ）

1941（昭和16）年：国民学校令　公布
- 皇国民（天皇崇拝、日の丸掲揚、君が代の唱和など）が目指された。

第二次世界大戦敗戦〜現代（民主的な近代教育制度の確立）

1947（昭和22）年：教育基本法　学校教育法　制定
- **6・3・3・6制**の導入（小学校6年、中学校3年、高等学校3年、大学4年）
- 男女共学、学校の政治的・宗教的中立性の確立。
- 義務教育が**9年間**に延長、**無償**化される。これによりすべての国民に教育の機会を保障する単線系の教育体制が確立。

1998（平成10）年：「生きる力を育む」教育への転換
- 総合的学習の時間の新設。
- 学校週**5日**制、小・中学校における教育内容の3割減。

2006（平成18）年：新教育基本法　制定
- 旧教育基本法の理念を継承しながら、個別の利害を求める競争主義の激化、**国際化**に対応。

覚えておきたい一般知識　社会・時事

MEMO：新教育基本法で日本の教育が大きく変わる

2006（平成18）年の「新教育基本法」により、日本の教育が大きく変わりました。これまでにはない「道徳心」「公共心」「愛国心」など、日本人の心を育む教育目標が掲げられ、目標達成型の教育が明確に打ち出されました。

Chapter 5 覚えておきたい一般知識　社会・時事

学力と教育力

- 学校教育の課題と変化
- 子どもたちの勉強に対する意欲と規範意識が低下

学力の低下

OECD（Organization for Economic Co-operation and Development：経済協力開発機構）では、子どもの学力調査（PISA）がおこなっています。2006（平成18）年度の日本の子どもたちの学力は、読解力や数学的リテラシーなどが低下傾向にあり、世界トップレベルとは言えませんでした。

子どもたちの学力低下は2002（平成14）年度から導入された授業日数を減らすなどの措置をおこなった**「ゆとり教育」に原因があるとする意見**もありました。しかし、フィンランドは日本よりも授業時間は少ないこともあり「ゆとり教育」が学力低下に結びついたとも言い切れないようです。

現在では日本の子どもの学力の水準はゆとり教育導入前までに回復しており、**総合的な学習への取り組みが、学力向上への要因になっている**というデータもあります。

体力と運動能力が低下

子どもの体力は長期的に低下傾向にあります。文部科学省がおこなっている「体力・運動能力調査2013（平成25）年」によると、1985（昭和60）年をピークに、ほとんどのテスト項目が年々下降しており、**体力と運動能力が低下していることが指摘されています**。また、「スキップができない」といった自分の体をコントロールする能力の低下も指摘されています。

規範意識の低下

　子どもたちのルールやマナーに対する意識の低下も大きな問題になっています。2000（平成12）年の調査と比較し、2007（平成19）年の掃除当番などクラスの仕事を、「さぼる」「ときどきさぼる」と回答した子どもは、12.1%から15.1%と、増加傾向にありました。

子どもの規範意識の低下
「掃除当番などクラスの仕事をさぼる事について」

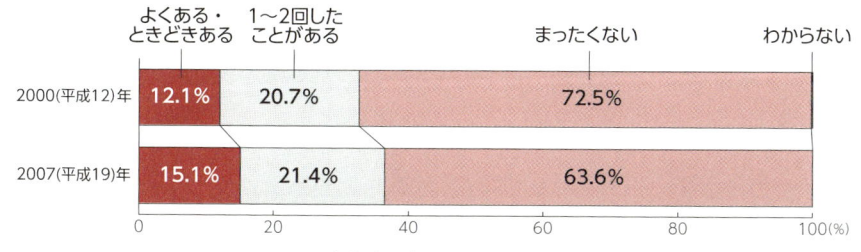

	よくある・ときどきある	1～2回したことがある	まったくない	わからない
2000(平成12)年	12.1%	20.7%	72.5%	
2007(平成19)年	15.1%	21.4%	63.6%	

出典：内閣府　低年齢少年の生活と意識に関する調査2007（平成19）年
第2回青少年の生活と意識に関する基本調査書2000（平成12）年

企業と地域社会で家庭教育を支援

　文部科学省は、**企業を含む地域社会全体で、家庭教育を支援していくための環境整備を課題**としています。「家庭の教育力再生に関する調査研究（2007年）」で、家庭での教育力は低下していると45歳以上の保護者の71.9%が回答しています。

　家庭の教育力の低下の一番の理由は、「子どもに対して、過保護、甘やかせすぎや過干渉な親の増加」（66.7%）でした。

MEMO：OECDの学習到達度調査（PISA）とは

　PISA（Programme for International Student Assessment）は、OECDにより、2000年に開始された15歳児を対象とした学習到達度調査です。3年ごと、読解力、数学力、科学力の3分野の調査がおこなわれます。追加調査として、2006年は問題解決能力、2009年と2012年には、デジタル読解力、コンピュータ画面での読解力が調査されました。

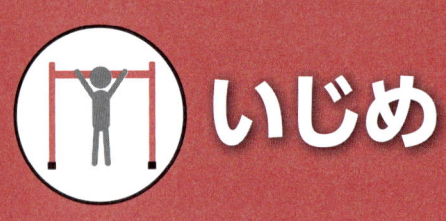

Chapter 5　覚えておきたい一般知識　社会・時事

いじめ

- 社会問題化しているいじめについて、理解を深め考察する
- いじめは早期発見、早期対応が重要。学校組織全体で対応すべき問題

早期発見・早期対応が重要

　いじめとは、「児童等に対して、当該児童等が在籍する学校に在籍している等当該児童等と一定の人的関係にある他の児童等が行う心理的又は物理的な影響を与える行為（インターネットを通じておこなわれるものを含む）であって、当該行為の対象となった児童等が心身の苦痛を感じているもの」（いじめ防止対策推進法第2条第1項）です。

　つまり、**行為を受けた本人が苦痛を感じたら「いじめ」になる**ということです。

　いじめは、どの学校でもおこる可能性がある問題です。文部科学省通知の「いじめ問題への取組の徹底について（通知）2006（平成18）年」では、**いじめの早期発見・早期対応が最も重要である**と指摘しています。

　文部科学省で制定した「いじめ防止対策推進法」の主な条文は次の3つです。

> **いじめ防止対策推進法**
> 1. 児童等は、いじめをおこなってはならない。（第4条）
> 2. 学校は、児童等の保護者、地域住民、児童相談所等と連携を図り、防止及び早期発見に取り組む。（第8条）
> 3. 保護者は、子の教育に第一義務的責任を有する。保護する児童等がいじめをおこなうことのないよう、規範意識を養うための必要な指導をおこなうように努めるものとする。（第9条第1項）

　いじめを発見したらどう対応するか、あらかじめ考えておきましょう。

いじめ発見のきっかけ

　いじめは、早期発見・早期対応が重要です。いじめを発見するきっかけとして、72.7％が学校の教職員が発見（文部科学省「児童生徒の問題行動等生徒指導上の諸問題に関する調査」2013（平成25）年度）しています。そのうち、57.9％が「アンケート調査など学校の取り組みにより発見」、13.2％が「学級担任による発見」と、学級担任の役割は重要です。

●いじめを発見するきっかけ

- 学校の教員以外からの情報による発見　27.3％
- 学校の教員が発見　72.7％

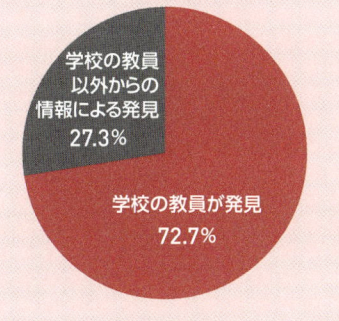

出典：児童生徒の問題行動等生徒指導上の諸問題に関する調査 2013（平成25）年度

「学校の教職員が発見」の場合
- アンケート調査など学校の取り組みによる発見（57.9％）
- 学級担任が発見（13.2％）
- 学級担任以外の教職員が発見（1.1％）
- 養護教諭が発見（0.4％）
- スクールカウンセラーなどの外部の相談員が発見（0.1％）

「学校の教職員以外からの情報による発見」の場合
- 本人からの訴え（14.0％）
- いじめを受けている子どもの保護者からの訴え（9.0％）
- 子どもからの情報（2.5％）
- 保護者（本人の保護者を除く）からの情報（1.5％）
- 学校以外の関係機関からの情報（0.2％）
- 地域住民からの情報（0.1％）

危険信号を見逃さない早期発見・早期対応

　文部科学省の「いじめ問題への取組の徹底について（通知）」では、①日頃から**子どもが発する危険信号を見逃さず、いじめの早期発見に努めること** ②スクールカウンセラーや相談機能を充実させ、**子どもの悩みを積極的に受け止める体制を整備すること**　③**学校全体で組織的に対応すること**　④学校でいじめを把握した場合、速やかに保護者や教育委員会に報告し、適切な連携を図ること　⑤いじめへの対処方針など保護者や地域住民の理解を得るよう努めること——の5項目について徹底するよう示しています。

Chapter 5　覚えておきたい一般知識　社会・時事

不登校

- 年々増加傾向にある不登校の原因と現状を把握する
- 不登校の子どもたちへの対応と対策を理解する

不登校とは

文部科学省では、不登校の児童を「何らかの心理的、情緒的、身体的あるいは社会的要因・背景により、登校しない、あるいはしたくともできない状況にあるため年間30日以上欠席した者のうち、病気や経済的な理由による者を除いたもの」と定義しています。

増加する不登校児童

小学校における不登校児童数は約2万4千人（文部科学省「児童の問題行動等生徒指導上の諸問題に関する調査」）という結果でした。1991（平成3）年の約1万2千人と比較すると増加傾向にあります。

不登校の子どもの数（人）

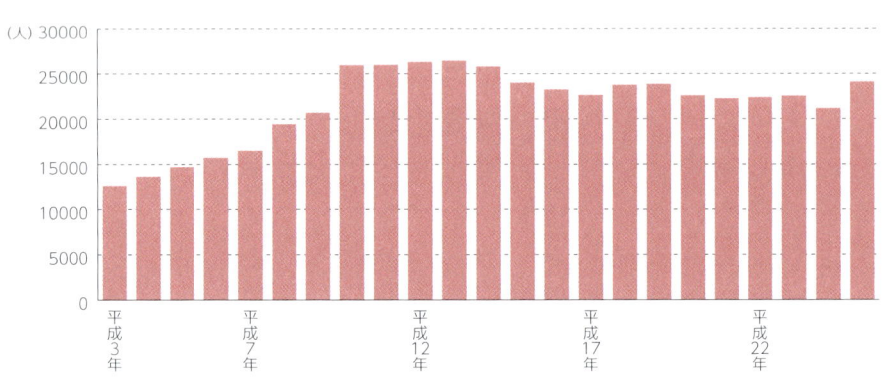

出典：文部科学省　児童の問題行動等生徒指導上の諸問題に関する調査

102

魅力ある学校づくり

不登校になったきっかけは、「不安など情緒的混乱（35.3％）」、「無気力によるもの（23％）」という心理的な理由が、不登校の半数以上の原因です。そういった子どもが学校へ行きたいと思うには、何をすればよいでしょうか？

学校が、魅力ある場所になることが重要です。そんな子どもたちが安心して楽しく学習できるような場所をつくるには、何が必要なのでしょうか？

文部科学省では、「不登校への対応」で、次の7つの提案をしています。

不登校とならないための魅力ある学校づくり

- **「心の居場所」「絆づくり」の場としての学校**
  子どもが自分の存在を実感し、社会性を身につけながら絆づくりのできる場にする。
- **安心して通うことができる学校づくり**
  いじめや暴力行為には毅然と対応する。教員も体罰をおこなわない。
- **学ぶ意欲を育む指導を充実**
  夢や目的意識を持つきっかけを与えながら指導する。
- **習熟度別の指導や、基礎学力の定着に向けたきめ細かい教科書指導**
  学業不信のための不登校を防ぐため、子どもの習熟度に応じた授業を充実させる。
- **発達段階に応じたきめ細かい配慮**
  小学校と中学校の連携を密にし、オリエンテーション等で発達段階に応じて指導する。
- **学級活動、児童会・生徒会活動、学校行事等の特別活動の充実**
  子どもたちが、人間関係をきずき、居場所づくりができるようにする。
- **学校と社会の繋がりを強めた、開かれた学校づくり**
  地域と連携し、子どもが社会とつながる体験活動や地域の多様な人々とふれあう。

MEMO：不登校の子どもへの対応

文部科学省では、「不登校への対応」で、次の5つ視点から不登校の子どもに対応することを推奨しています。
- 将来の社会的自立に向けた支援
- 連携ネットワークによる支援
- 将来の社会的自立のための学校教育の意義・役割
- 働きかけることや関わりを持つことの重要性
- 保護者の役割と家庭への支援

Chapter 5　覚えておきたい一般知識　社会・時事

虐待

- 虐待の現状を把握し、児童虐待防止法の内容を理解する
- 虐待に気づいたらどうすべきか、対策ポイントを知り現場で役立てる

法律で定める児童虐待の定義

児童虐待は、「児童虐待の防止等に関する法律」（第二条）によって下記のように定義されています。虐待は、身体的虐待、性的虐待、育児放棄（ネグレクト）、心理的虐待の4つにわけられます。

児童虐待の防止等に関する法律　第二条（抜粋）
この法律において、「児童虐待」とは、保護者（親権を行う者、未成年後見人その他の者で、児童を現に監護するものをいう、以下同じ）がその監護する児童（十八歳に充たないものをいう。以下同じ）について行う次に掲げる行為をいう。
一　児童の身体に外傷が生じ、又は生じるおそれのある暴行を加えること。
二　児童にわいせつな行為をすること又は児童をしてわいせつな行為をさせること。
三　保護者としての監護を著しく怠ること。
四　児童に対する著しい心理的外傷を与える言動を行うこと。

子どもの虐待の要因

子どもの虐待は、保護者、子ども、家族を取り巻く、複数の要因が重なったときにおきます。問題解決には、保護者への非難ではなく、支援が必要です。

子どもの虐待の要因

保護者
- 不安（育児うつ）
- 自身の虐待経験
- 病気・障害

子ども
- 育てにくい
- 子どもの病気、障害

家族
- 核家族
- 不安定な夫婦
- 経済的不安
- 孤立

→ 虐待

児童虐待防止に関する学校の対応

虐待防止には、早期発見、早期対応が大切です。学校は、学級担任以外に、複数の教員が子どもを見ていることもあり、虐待を最初に発見できる機関ともいえます。虐待が発見された場合は、**直ちに児童相談所や関係機関に連絡**し、必要であれば子どもを一時的に保護しなければなりません。問題の見過ごしを防ぐために、文部科学省は「学校及び保育所から市町村又は児童相談所への定期的な情報提供に関する指針」を策定し、虐待の可能性がある子どもに関して、学校側から定期的に児童相談所などの機関へ、情報を提供するよう推奨しています。

年々増えつづけている現状

年々増え続ける児童虐待に対して、**児童相談所全国共通ダイヤルの周知**、児童相談所の体制の強化、子どもの一時保護施設の拡充、などの施策が図られています。

児童虐待相談の対応件数

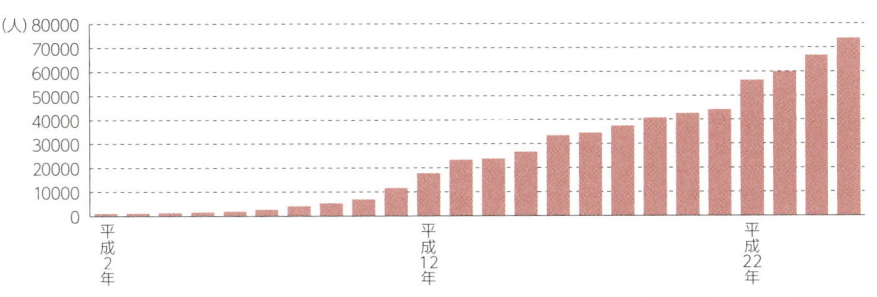

出典：厚生労働省発表　児童相談所での児童虐待相談対応件数等

MEMO：児童相談所共通ダイヤル　189

　児童相談所全国共通ダイヤルが、2015（平成27）年7月より「189（いちはやく）」という3桁になります。自動音声による切り替えで、近くの児童相談所の相談員と話すことができます。虐待を発見した人の通報の受付以外に、育児不安を抱える保護者からの相談も受け付けています。

Chapter 5　覚えておきたい一般知識　社会・時事

学級崩壊

- 学級崩壊の原因と対応方法を知る
- 学年によって学級崩壊が発生する傾向は違うことを理解する

学級崩壊の分析と対応策

　学級崩壊とは、「子どもたちが教室内で勝手な行動をして教師の指導に従わず、授業が成立しないなど、集団教育という学校の機能が成立しない学級の状態が一定期間継続し、学級担任による通常の方法では問題解決ができない状態に立ち至っている状態」のことを指します。

　学級経営研究会では学級崩壊の事例を類型化し、対応策を考察しています。全国の小学校関係者から聞き取り調査（1999年）をおこないました。

		原　因	対　応
子どもの問題		就学前教育との連携・協力不足	就学前教育機関と、情報交換をする
		特別な教育的配慮や支援が必要	子どもの違いを生かす学級づくりを心がける
		授業の進め方に不満がある	チームティーチング[※1]、体験活動を増やす。
		いじめなどの問題行動	根本的な問題の洗い出し、学校全体で対応する
教員の問題		指導力に欠けている	学級担任の指導力に考慮した、校内人事を配慮
学校の問題		指導体制が不十分	校内組織の充実を図る
家庭の問題		子どもに無関心、児童虐待	子どもに声がけをし、信頼関係を築く
		児童虐待	関係機関と連携する
		保護者と学校に信頼関係がない	学校は組織として、情報交換の工夫をする。教育委員会とも連携する

※1：ティーム・ティーチング…複数の教員が役割を分担、協力し合いながら指導計画を立て、指導する方式。

学年によって違う学級崩壊の特徴

　低学年で発生する学級崩壊と、高学年で発生する学級崩壊には**違う傾向**が見られます。横浜市教育委員会「児童・生徒指導の手引き2009(平成21)年」によると、小学1・2年生は4月、5月に発生件数が多く、5・6年生は9〜1月までに発生件数が多くなっています。

学級崩壊の認知時期

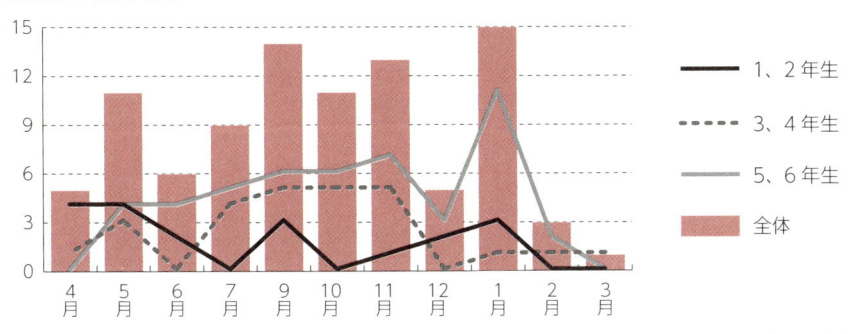

月	全体	1、2年生	3、4年生	5、6年生
4月	5	4	0	4
5月	11	2	2	5
6月	6	1	3	5
7月	9	2	3	6
9月	14	3	4	6
10月	11	0	4	6
11月	13	2	4	7
12月	5	1	1	5
1月	15	3	1	11
2月	3	0	1	2
3月	1	0	0	1

出典:横浜市教育委員会　児童・生徒指導の手引き2009(平成21)年

　山梨県総合教育センターの「教室で気になる児童生徒について-小学校1年生の学級適応に関する調査研究-」では、低学年の学級崩壊は、1才から5才までの幼児期に、周囲に合わせて自分を制御し、協調する社会的能力が培われていない子どもの問題行動が要因となって起こる場合が多いとされています。**学級が集団として形成されていない状態**で発生するのが特徴です。

　高学年の学級崩壊は、9〜11歳頃の前思春期に、自我意識の強まりから、保護者や教員に反抗する心の問題があるようです。**中心的な問題児から何名かの同調行動が見られるのが特徴**です。

📖 MEMO : 「学級崩壊」という用語について

　「学級崩壊」という用語は、1990年代後半に新聞やテレビなどのマスコミが使うようになって広まったとされています。1998年には、「NHKスペシャル」で「広がる学級崩壊」がテーマとして取り上げられました。国立教育政策研究所では、「いわゆる学級崩壊」としています。「学級がうまく機能しない状態」という表現をする場合もあります。

Chapter 5 覚えておきたい一般知識　社会・時事

体罰

- 体罰と懲戒の違いを理解し、現場で応用できるようにする
- いじめや暴力行為へ連鎖を生んでしまう危険性を考察する

体罰と懲戒の違い

　学校教育法第十一条では、「校長及び教員は、教育上必要があると認めるときは、文部科学大臣の定めるところにより、児童・生徒及学生に懲戒を加えることができる。ただし、体罰を加えることはできない」としています。具体的に、体罰と懲戒の違いについて、文部科学省では下記のような参考事例を挙げています。

1. 体罰と考えられる行為
- 身体に対する侵害を内容とするもの…殴る、蹴る、踏みつける、投げつけるなどの行為
- 被罰者に肉体的苦痛を与えるようなもの…正座、直立など特定の姿勢を長時間保持させたり、生理的現象（食事やトイレなど）を拘束する。

2. 懲戒と認められる行為
- 放課後等に教室に残留させる。
- 学習課題や清掃活動を課す。
- 立ち歩きの多い子どもを叱って席につかせる。
- 練習に遅刻した子どもを試合に出さずに見学させる。
- 授業中、教室内に起立させる。
- 学校当番を多く割り当てる。

　東京都では、体罰の定義として**不適切な行為**をガイドラインに追加して説明しています。軽微に肉体的苦痛を与える、しっぺ、デコピンがそれにあたります。子どもに対しておこなった行為が懲戒か体罰か、明確に判断する事は難しいですが、体罰では正しい倫理観を養うことはできません。懲戒が必要な場合は認められる範囲で、子どもの規範意識や社会性の育成を粘り強く指導することが大切です。

正当防衛、正当行為と見なされる例

　いかなる理由があれ、体罰は認められません。しかしながら、正当防衛はやむを得ませんし、正当な行為と認められるものもあります。文部科学省の「学校教育法十一条に規定する児童生徒の懲戒・体罰等に関する参考事例」では、次の例が挙げられています。

正当防衛、正当行為と認められる例
- **子どもからの暴力行為に対して、防衛のためやむを得ずした有形力の行使**
  - 例）児童が教員の指導に反抗して教員の足を蹴ったため、児童の背後に回り、体をきつく押さえた。
- **他の子どもへの暴力行為の制止のため、やむを得ずした有形力の行使**
  - 例）休み時間に廊下で、他の子どもを押さえつけて殴るという行為に及んだ子どもがいたため、この子どもの両肩をつかんで引き離した。

暴言や不適切な指導

　東京都教育委員会発行の「体罰根絶に向けた総合的な対策」では、暴言や不適切な指導（授業中に教員が机を叩く、蹴るなどの行為）にも言及しています。これらは、「子どもの記憶に残り、心の傷になることがある」「周囲にいる者にも精神的な苦痛をあたえる」「教員のストレスのはけ口であることが多い」「恐怖により子どもコントロールする行為である」などの理由からあってはならない行為としています。

MEMO　体罰根絶に向けた取り組み（東京都の例）

　東京都では、2013（平成25）年より本格的に、体罰根絶に向け総合的な対策を取りはじめました。同年9月に発行された「体罰根絶に向けた総合対策」によると、体罰が繰り返し発生する理由は、「体罰は必要悪だ」という教員の意識と、これを後押しする、学校文化、社会風土があるとしています。そこで、体罰根絶に向け、「教員の意識改革」のため、校内研修や自治体による教員研修の充実、校長や、教育委員会によるチェック機能の強化などに取り組んでいるのです。

Chapter 5　覚えておきたい一般知識　社会・時事

学校に対するクレーム

- 保護者と教職員の間で起きた問題事例を知る
- クレーム対応と問題解決策について考える

クレームの種類もさまざまなモンスターペアレントの例

　いわゆるモンスターペアレントとは、**学校や教育委員会などに対して不当なクレームを繰り返す保護者のこと**をいいます。自分の子どものことしか頭にない場合が多く、学校側に理不尽な苦情や要求をしてきます。たとえば、自分の子どもがほかの子どもより損な待遇を受けていると感じると、不当待遇であると訴えてきたりします。

　保護者と教職員の間で起きた問題事例に、次のようなものがあります。

	言動例	内容
対処に困るクレーム	・実際にはないのに、子どもがいじめを受けていると認識する	体験した出来事を常に悪意あるものとして解釈する傾向
	・教師の対応の不適切さなど微妙な問題にクレームをつける	他者を打ちのめすことで優れていることを証明する傾向
対処に困る要求	・お金を貸して欲しい ・保険に入って欲しい	学校教育や養育とは無関係なことを要求
	・学芸会で主役を希望 ・自分の子だけ優遇希望	教育に関係していても自分勝手なことを要求
クレームや要求をともなわないが、対処に困る要求	・給食費の未払い ・欠席の連絡をしない	自分の子どもを養育する義務の放棄・怠慢
	・小さなけがで大騒ぎする ・子どもの非を認めない	過保護、過干渉、偏った教育観による養育
	・真夜中に教師宅に電話する ・教師の名を呼び捨てにする	教師の人格を意図的に傷つけるような言動
	・運動会での飲酒、喫煙 ・授業参観中のお喋り	大人として人間としてのマナーに欠けた言動

学校でクレームがこじれてしまう背景

学校でクレームがこじれてしまう理由を、東京都の「学校問題解決のための手引」の中では、**「教員のクレームへの対応力のなさに起因するのではないか」**としています。理由は、クレームを受けたときに、「自分にも非がある」と全体の調査結果は50.3％と半数以上を示すのに対し、教育関係者は逆で、半数近くが、相手の勘違いやいちゃもんだとする結果がでたからです。

クレームに対して、最初から勘違いとされれば、問題がこじれるのはどこの世界でも同じでしょう。このことから、保護者の意見をまず聴いて、うまく言葉を使い相手を気持ちよく納得させることができないからではないか、としています。

Q：何がクレームの原因だと思いますか

	全体	教育関係者
配慮不足	50.3	31.2
勘違い／いちゃもん	31.2	43.1

出典：東京都学校問題解決のための手引

問題解決のために必要なこと

東京都の「学校問題の解決のための手引き」では、問題への対応方法として、次のことを挙げています。

学校がおこなう保護者へのよりよい対応

1．大切な初期対応
初期の対応によって、誤解がとける場合もあれば、問題がこじれる場合もあります。相手に共感しながら、話に耳をよく傾け、相手の背景や心理を把握しましょう。

2．その後の組織的な対応
正確な情報収集や、保護者への対応のための役割分担を決めます。組織としての対応方法や方針を決定し、相手には、適宜報告をします。

3．対応が困難な事例の場合
不当、不法、違法な要求や要望に対しては、外部の専門家に助言を求めましょう。

Chapter 5 覚えておきたい一般知識　社会・時事

発達障害のある子どもをめぐる動向

● 発達障害であるLD/ADHDについて理解する
● 発達障害のある子どもの教育を支援する特別支援教育について知る

LD（学習障害）／ADHD（注意欠陥多動性障害）

　LDとは、Learning Disabilitiesの略称で、日本語では学習障害と呼ばれています。知的発達に問題があるのではなく、聞く、話す、読む、書く、計算する又は推論する能力のうち、特定のものの習得と使用に著しい困難がある障害です。LDの子どもの特徴として、言葉の遅れ、理解がはやいものと遅いものの差が大きい、などが挙げられます。

　ADHDとはAttention Deficit Hyperactivity Disorderの略称で、日本語では注意欠陥多動性障害と呼ばれています。年齢や発達に不釣り合いな注意力や衝動性、多動性を特徴とする行動障害のことです。

　ADHDの子どもの特徴として、
①不注意（気が散りやすく、必要な事柄を忘れやすい）
②衝動性（人の話を最後まで聞いて答えたり、順番を守ることが出来ない）
③多動性（気が散りやすく、じっとしていられない）
などが挙げられます。

　LDもADHDも「脳などの中枢神経系に何らかの機能障害がある」と推定され、発達障害に分類されます。

　文部科学省による「通常の学級に在籍する特別な教育的支援を必要とする児童生徒に関する全国実態調査」によると、学習面や行動面で困難を示す子どもは全体の6.3％でした。

特別支援教育の推進

　特別支援教育のめざす到達地点は、障害の有無、それ以外のお互いの違いがあったとしても、**違いを受け入れながら共生する社会の基礎の形成**です。文部科学省は「特別推進教育の推進（通知）2007（平成19）年」で明確に宣言しました。そのための特別支援教育は、障害のある子どもが、**自立や社会参加をするための取り組み**の支援です。知的な遅れのない発達障害の子どもは、どの学校にも在籍の可能性があるので、全ての学校に、特別な支援が行き届くための体制を整えることを求めています。特別な支援が必要な子どもごとに「どのような指導方針が必要か？」を把握し、指導方針に従って必要な支援をします。

障害の有無関係なく、同じ授業を受ける子どもたち
（写真：読売新聞社／アフロ）

特別支援教育を行なうための体制整備及び必要な取り組み
① 各学校に、特別支援教育に関する校内委員会を設置
② 特別支援が必要な子どもの現状の把握
③ 教員の中から、特別支援コーディネーターの指名
④ 医療機関、福祉施設など関係期間との連携の強化
⑤ 特別な支援が必要な子どもごとの個別指導計画の作成
⑥ 教員の特別支援に関する専門性の向上

MEMO：保健室の利用状況

　文部科学省の「保健室利用状況に関する調査結果」によると、小学校の保健室の利用は、平均1日当たり6人。利用の理由は、慢性疾患（58.9％）、いじめ（29.0％）、児童虐待（11.3％）、精神疾患（10.5％）、拒食症（4.0％）、過食症（1.6％）です。子どもは保健室を心と身体両方の問題で利用しているようです。

Chapter 5 覚えておきたい一般知識　社会・時事

自閉症

- 自閉症、高機能自閉症、アスペルガー症候群について理解する
- 自閉症の子どもへの具体的な対応方法と注意点を知る

高機能自閉症、アスペルガー症候群

　3歳までに発語がない。先生に「授業中は静かにしなさい」と言われたので、ほかの子どもにつつかれても、「やめて」と言えないなど、**人とのコミュニケーションに問題**がある、**集団行動に合わせる困難さ**が見られる場合、**自閉症**の可能性があります。発病の原因は、先天的な中枢神経の障害と考えられています。

　自閉症には、次の3つの特性があります。
- 対人関係や社会性における困難さ
- コミュニケーションにおける困難さ
- こだわりや想像することの困難さ

　自閉症の3つの特性がみられるが、知的な発達に問題がない症例を、**高機能自閉症（High Functioning Autism：HFA）**といいます。自閉症の3つの特性がみられるが、言葉に問題がない症例を**アスペルガー症候群**と呼びます。

自閉症、高機能自閉症とアスペルガー症候群の違い

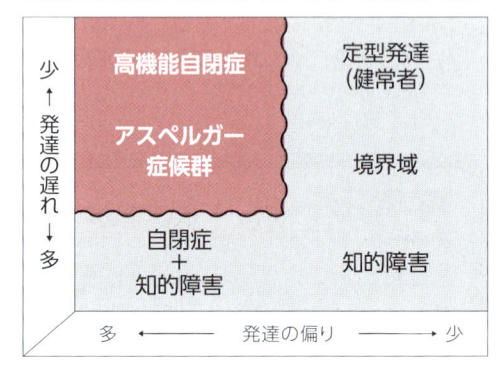

	発達の偏り 多 ← → 少
少 ↑ 発達の遅れ ↓ 多	高機能自閉症／アスペルガー症候群／定型発達（健常者）／境界域／自閉症＋知的障害／知的障害

114

自閉症の子どもへの具体的な配慮

通常学級で、支援が必要な子どもも指導する場合、学級全体に指示を与えながら、その子どもにも**個別対応する必要**があります。学級担任一人では困難な場合は、チームティーチングとして、他の教員の応援を要請しましょう。指導をおこなう際には、子どものプライバシーへの配慮や、発達段階の理解が必要です。

具体的な配慮の例を挙げます。

わかりやすいサインを出す子ども

自閉症の子どもへの具体的な配慮の例

課題	個別的な支援	学級内での指導
板書を書き取る時間がかかる	・黒板に注目する合図を決めておく ・ノートを黒板と同じフォーマットにする	・重要な点を目立たせる ・ワークシートを配る
予定の変更に対応できない	・先に予定変更を伝える ・個人的な予定表を使う	・予定の変更がわかる大きな図を提示する
指示を聞いていない	・メモを机に貼る ・子どもの視野に入る	・要点を板書する ・「注目」と書いてある絵カードを提示する
思いついた事をいきなり話しだす	・話しを最後まで聞いてから話すサインを決めておき、合図をだす	・発言する場合のルールを決めておき守らせる。 ・質問タイムの絵カードを提示する
新しいことへの不安からパニックをおこす	・個別にやり方や内容を図表や文字で説明する ・混乱した場合の対処方法を伝える	・ルールを絵や図表で説明する ・教員がお手本を示す

MEMO 広汎性発達障害とは

社会的な活動やコミュニケーションといった、人間の基本的な機能の発達に困難がある精神障害のグループの総称です。自閉症、アスペルガー症候群が含まれます。

> **Chapter 5**　覚えておきたい一般知識　社会・時事

性同一性障害

● 1クラスに1～2人はいるLGBTの子どもたちを理解する
● 性同一性障害などの子どもたちへの教員や学校の対応について考える

LGBTの子どもたちがおかれている現状

　LGBTとは、同性愛や両性愛、トランスジェンダーの人たちの総称で、日本では国民の5％がLGBTであると統計があります。同性愛・性同一性障害の子どもが1クラスに1～2人いると認識しておくべきでしょう。

　「いのちリスペクト。ホワイトリボン・キャンペーン」の「LGBTの学校生活に関する実態調査　2013（平成25）年 結果報告書」では、自分自身がLGBTかもしれないことを、小学校～中学校の頃に自覚します。そのうち、男子5割、女子3割は、小・中・高校にわたって**だれにも相談できていない、**という結果でした。

　また、LGBTを自覚している全体の7割がいじめを経験し、その影響によって、うち3割が自殺を考えたという結果がでています。

　LGBTと自殺の関係については、厚生労働科学研究費補助エイズ対策研究推進事業が「ゲイ・バイセクシュアル男性の健康レポート」を報告しており、その中で、回答者のうち65.5％が「自殺を考えたころがある」と回答しています。これは、内閣府発表の自殺対策白書で報告されている、一般人の23.4％と比較すると約2倍になっています。

　小学校の性教育は、3年生から保険学習や生活の授業、特別活動の時間で学年にあった内容で指導します。異性愛が前提の内容のため、学校での取り組みや教員のさりげない一言に、LGBTの子どもたちの**自尊感情や自己肯定感を傷つけてしまう可能性**があることを理解しましょう。

性同一性障害のこどもへの学校や教師の対応

2004（平成16）年7月に「性同一性障害者の性別の取扱いの特例に関する法律（第二条）」施行され、性同一性障害が次のように定義されました。

性同一性障害者の性別の取扱いの特例に関する法律（第二条）
　この法律において「性同一性障害者」とは、生物学的には性別が明らかであるにもかかわらず、心理的にはそれとは別の性別（以下「他の性別」という。）であるとの持続的な確信を持ち、かつ、自己を身体的及び社会的に他の性別に適合させようとする意思を有する者であって、そのことについてその診断を的確に行うために必要な知識及び経験を有する二人以上の医師の一般に認められている医学的知見に基づき行う診断が一致しているものをいう。

また、文部科学省は2015（平成27）年4月に「性同一性障害に関わる児童生徒に対するきめ細かい対応の実施等について」を全国の教育委員会などに通知しました。

これにより、学校、カウンセラーなど含む医療関係や保護者などが連携し、性同一性障害の子どもたちが、**学校に通いやすい環境を整え、**快適な環境で教育を受けられるような対応を進めていくことになります。

性同一性障害の子どもに対する支援の事例
- 自認する性別の制服や体操着の着用を認める
- 標準より長い髪型を認める
- トイレや更衣室などの配慮
- 呼称の工夫　など

MEMO　教員も子どもたちと学ぶ性の多様性

　2011（平成23）年に宝塚大学の日高庸晴准教授が6自治体で行った、教育現場にいる教員など5,979人にアンケートの結果では、「LGBTについて学校で教える必要がある」と思っている先生は、全体の6割を超え、「性の多様性について学ぶ研修があれば参加したいかどうか」には6割を超える先生が参加を希望していました。しかし、実際にLGBTの生徒にかかわったことがある先生は1割程度でした。自分自身が知る必要があるし、学校でも学ぶべきことだと認識する教員が増えてきているようです。

Chapter 5　覚えておきたい一般知識　社会・時事

教員の育成

- 教員の大量退職により、小学校教員の積極的な採用がおこなわれている
- 組織的に若手教員を育成する必要がある

教員の大量退職の原因

　1980（昭和55）年代は、教員が多く採用された時代でした。1971（昭和46）年～1974（昭和49）年に生まれた子どもたちが第2次ベビーブーム世代の子どもたちが成長し小学校の子どもの数が増加したためです。

　この時期、出生数は毎年200万人を超えており、この世代の小学生のために、教員が大量に採用されました。そのとき、採用された教員が今、**定年を迎え**ています。

教員の若返りにより懸念されていること

　現在、各都道府県では採用枠を大幅に広げて教員採用をおこなっており、教員の若返りは確実に進んでいます。急激な世代交代により、**教員の質と量をどう確保するかという問題**が表面化しています。

　中堅の教員が極端に少ない状況において、退職間近のベテラン教員の指導技術や、子どもと向き合う姿勢を、若手教員にどう受け継いでいくかが、課題です。教育現場では、ベテランや若手に垣根はなく、年数の浅い教員だからと、甘く見てもらえるものではありません。**若手教員の育成は各都道府県に課せられた大きな課題**です。

　特に、採用人数が毎年1000名を超える東京都の場合、教員育成は火急の課題です。教員育成方針を改正し、OJTガイドラインを制定するなど、さまざまな取り組みがされています。

地方自治体の取り組み例

各都道府県におけるさまざまな取り組みを紹介します。

東京都

東京都では、OJTガイドラインを策定し、**OJTの実践を支援**。OJTとはOn the Job Trainingの略称。具体的な仕事を通じて、その業務に必要な知識、技術、技能、態度を修得させていく教育訓練手法のひとつ。

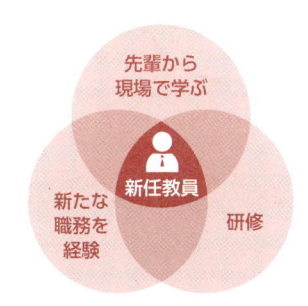

横浜市

横浜市では、**メンターチームと呼ばれる校内新人育成システムをつくる**こと推奨。採用10年目ぐらいの教員がメンター（助諸）となり、新任教員や経験年数が数年の教員をメンバーにチームを編成。校長以下、管理職はサポートチームとして外部から支援する。

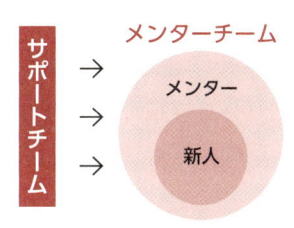

千葉県

千葉県では、退職した教員経験豊な、**若手教員育成推進員**を採用。地域の推進員として学校をまわるなどし、地域にあった、研修ニーズの掘り起こしや、研修講師の適材を探す。地域に必要な教員研修の企画・運営のほか講師も担当する。

MEMO　教員の大量採用時代に求められる人材像

文部科学省や各自治体は求める教師像を公表しています。

資質としては「明るい性格」、「常に笑顔」、「はきはきと話す」、「ポジティブ」、「気持ちの切りかえが早い」などといった言葉がよく見られます。そのほか、心身ともに健康で、運動部やサークル活動に積極的に参加していたなどが問われるようです。

国際的な視点を重要視する自治体もあるようです。

Chapter 5　覚えておきたい一般知識　社会・時事

少人数学級

- 少人数学級の実現による教育上の効果を理解する
- 諸外国と比べても多い1学級の子ども数

少人数学級を目指す理由

　いじめや暴力行為の発生、不登校の問題や、特別な支援を必要とする子どもの数の増加など、学校を取り巻く環境は非常に複雑・困難化しています。こうした学校が抱えるさまざまな課題に対応するため、**子ども一人ひとりにきめ細かく向き合える**、少人数学級の導入がすすめられています。

諸外国の教育現場との違いを見る

　経済協力開発機構（OECD）では加盟国を中心に、教育に関する国際比較の最新インディケーター（指標）を調査しています。日本の1学級あたりのこどもの数は、27.9人。**OECD平均21.2人を上回っています。**

1学級あたりの子どもの数を比較

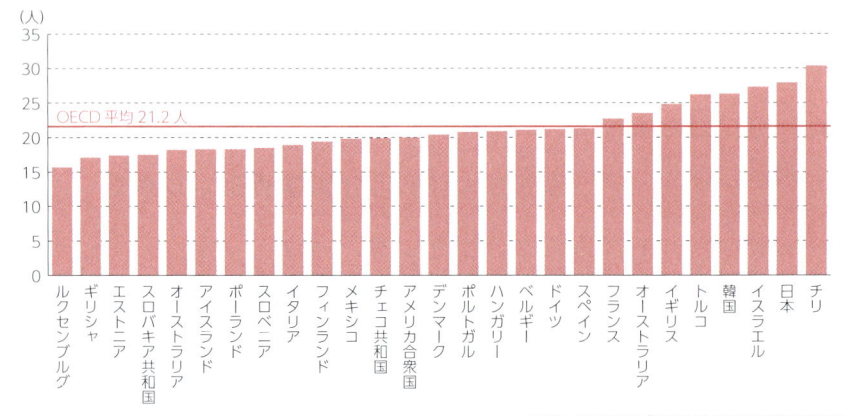

出典：OECDの「図表で見る教育2013年版」

少人数学級で期待できる効果

　少人数学級では、教室にゆとりができるので、グループ学習や話し合いによる学習がしやすくなります。人数が少ないので、子どもの発言の機会も増えます。さらに、教員の目が行き届くので、**個別のきめ細かな指導**ができるようになるのです。

　少人数学級を実施することで、子どもたちに質の高い授業をおこない、教育水準を上げることが期待されます。

通常学級　　　　　　　　　　　少人数学級

少人数学級の取り組みと効果

　山形県では、少人数学級を取り入れた結果「不登校の子どもが減った」という調査報告があります。

山形県小学校不登児童数（出現率）

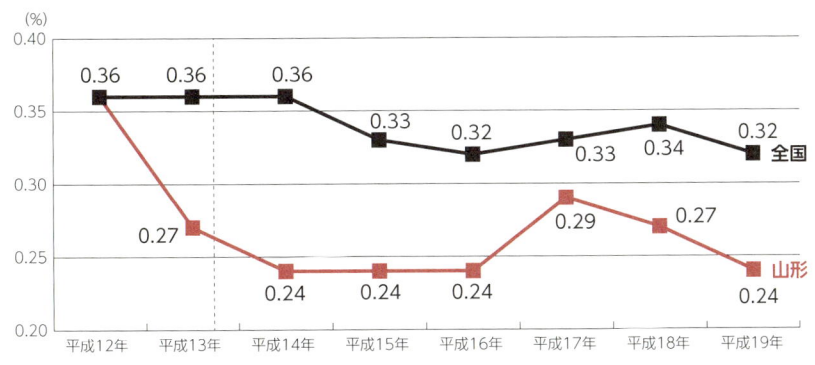

年	全国	山形
平成12年	0.36	0.36
平成13年	0.36	0.27
平成14年	0.36	0.24
平成15年	0.33	0.24
平成16年	0.32	0.24
平成17年	0.33	0.29
平成18年	0.34	0.27
平成19年	0.32	0.24

出現率 0.1＝1人／1000人　出現率 0.24＝1万人で24人の不登校

出典：山形県「少人数学級編制」の効果

Chapter 5 覚えておきたい一般知識　社会・時事

教育心理学

- 重要な専門用語や人物名などを覚えておく
- 採用試験に出題される率の高い、心理学者について理解する

小学校教員が学ぶべき教育心理学とは

　教育心理学の目的は、教育課程で起きる現象について心理学的な法則を明らかにし、教育実践に役立てることです。その分野は、児童心理学、青年心理学、発達心理学、学習心理学、人格心理学などに区分されます。

　教育心理学は、教員採用試験に多く出題されます。また、実際の教育現場においても役に立つので理解を深めておきましょう。

心理学名	内容
児童心理学	幼児期から思春期までの子どもを対象にした、発達心理学の一部門
青年心理学	青年を対象にした、発達心理学の一部門
発達心理学	人の加齢による発達段階ごとの変化を扱う、心理学の一分野。主な学説に、ピアジェの認知的発達段階説、フロイトの性的発達段階説、エリクソンの発達課題説などがある
学習心理学	経験を通して学習したことにより、行動が変容する過程を研究する心理学の一分野。主な理論に、パブロフやスキナーの条件付け理論がある
人格心理学	人格をもとに研究された分野で、類型型と持論型に大別される

19世紀後半から始まる教育心理学

　教育心理学が学問として成立し始めたのは19世紀後半です。心理学において知能テストや個人差の研究、教育測定も用いられたのはこの頃です。その後、心理学の研究は、発達心理学や学習心理学、人格心理学の展開と結びつき、徐々に理論や測定方法がまとめられ、教育心理学は確立されました。

重要人物と関連項目

教員採用試験に出題頻度の高い人物を表にしました。人物名と国籍、著者名やキーワードは記憶しておきましょう。

人物名	生年	国籍	その人物に関するキーワード
アブラハム・マズロー	1908-1970	アメリカ合衆国	欲求の階層説（生理的欲求、安全欲求、愛情欲求、尊厳欲求、自己実現欲求）
アルバート・バンデューラ	1925-	カナダ	社会的学習理論（モデリングによる学習）
イワン・パブロフ	1849-1936	ロシア	パブロフの犬、古典的（レスポンド）条件付け
ヴィルヘルム・ヴント	1932-1920	ドイツ	世界初の心理学実験室を開設、内観報告（自己観察報告）
ヴォルフガング・ケーラー	1887-1967	エストニア	ゲシュタルト心理学者、洞察理論、チンパンジーの実験
エドワード・ソーンダイク	1874-1949	アメリカ合衆国	試行錯誤、効果の法則、教育測定運動の父
エドワード・トールマン	1886-1959	アメリカ合衆国	サイン・ゲシュタルト説（S－S理論）
エリク・H・エリクソン	1902-1994	ドイツ	発達課題、アイデンティティ、『幼児期と社会』
エルンスト・クレッチマー	1888-1964	ドイツ	体型と性格の対応関係（細長型＝分裂質、肥満型＝躁鬱質など）
カール・グスタフ・ユング	1875-1961	スイス	リビドー、外向性と内向性、フロイトと訣別
カール・ロジャーズ	1902-1987	アメリカ合衆国	カウンセリング・マインド（自己一致、共感的理解、無条件的積極的配慮）
クルト・レヴィン	1890-1947	ドイツ	グループ・ダイナミックス（集団力学）、場の理論、社会心理学の父
ゴードン・オールポート	1897-1967	アメリカ合衆国	パーソナリティーの特性論（共通特性と個人的特性）
ジークムント・フロイト	1856-1939	チェコ	性的発達段階説、イド、自我、超自我、エディプス・コンプレックス
ジャン・ピアジェ	1896-1980	スイス	認知の発達段階説（感覚運動期、前操作期、具体的操作期、形式的操作期）
ジョン・ボウルビィ	1901～1990	イギリス	動物行動学（エソロジー）、愛着理論
ジョン・ワトソン	1878-1958	アメリカ合衆国	行動主義心理学者、S－R理論、環境説を強烈に支持
ハーバート・アレクサンダ・サイモン	1916-2001	アメリカ合衆国	限定合理性
バラス・スキナー	1904-1990	アメリカ合衆国	スキナー箱の実験、道具的（オペラント）条件付け、プログラム学習
ハリー・ハーロウ	1905～1981	アメリカ合衆国	赤ちゃんザルへの「代理母実験」
ヘルマン・エビングハウス	1850-1905	ドイツ	フェヒナーの精神物理学に感銘、記憶の保持曲線
ベンジャミン・ブルーム	1913-1999	アメリカ合衆国	教育評価の3類型（診断的評価、形成的評価、総括的評価）
ヤコブ・モレノ	1889～1974	ルーマニア	グループセラピー（集団精神療法）の開拓
リー・クロンバック	1961-2001	アメリカ合衆国	クロンバックα信頼性係数、適正処遇交互作用（ATI）
レイモンド・キャッテル	1905-1998	イギリス	知能を流動性知能と結晶性知能に分類
レフ・ヴィゴツキー	1896-1934	ロシア	発達の最近接領域『思考と言語』『精神発達の理論』
ロバート・J・ハヴィガースト	1900-1991	アメリカ合衆国	発達課題、老年学、『人間の発達課題と教育』
ロバート・ローゼンタール	1933-	アメリカ合衆国	ピグマリオン効果

Chapter 5　覚えておきたい一般知識　社会・時事

諸外国との教育比較

● 諸外国の学校教育について理解する
● 日本が目指す教育を考える

アメリカ合衆国の教育動向

　アメリカ合衆国では、2002（平成14）年に成立した**NCLB法（No Child Left Behind Act）という連邦法**に則り、教育改革がすすめられています。経済的、社会的に不利な状況にある子どもの学力向上が最大の目的です。特徴的なところは、全ての子どもが、ある一定のレベルに到達する結果責任を学校側が負うところでしょう。成果が上がらない学校は、補修教育サービスの提供義務があります。また、アメリカ合衆国には、日本の学習指導要領のような、統一された教育基準がありませんでした。2009（平成21）年より、CCSS（全国共通学力基準）に賛同した州から、徐々に導入され、2014（平成26）年には、43の州と地域に導入されました。

シンガポールにおける教育動向

　シンガポールの教育制度は、**徹底的な能力主義**といえます。小学校（6年制）より上級の学校は、子どもの能力や成績で、進路が決まってしまう制度です。子どもが6年生になったときに、共通テストPSLE（Primary School Leaving Examination）を受験します。それにより、リーダー候補のための一貫校や、スポーツ、芸術、サイエンスなどに特化した一貫校、普通校などに進学先がわかれていきます。シンガポールの教育省は、テストのために子どもにプレッシャーをかけないようにと呼びかけているようですが、保護者にも子どもにも相当なストレスはかかっているようです。

常にトップクラスのフィンランド

フィンランドの教育制度

　フィンランドの教育の目的は、「人として、社会の一員としての成長」、「生きるために必要な知識と技能」、「教育の機会均等の推進と生涯学習の基盤づくり」です。勉強の内容が理解できない子どもたちは、補助職員がつき補習授業をおこないます。学習したことを理解して、はじめて先に進むことができるシステムです。

　フィンランドは初級（1年～6年）、中級（7年～9年）が義務教育です。保育園卒園後、子どもたちは1年間の未就学児学校に通い、義務教育を受ける前に文字や数字、道徳マナーを学び、7歳の8月に、基礎学校の初級へ入学するのです。99％の学校が公立なので、学校間の格差が少なく、大学まで授業料が無償なので、家庭の経済状況による教育格差はありません。日本のように、学校を受験するための塾や予備校はなく、義務教育を終えるときに、進学する学力がないと本人が考えた場合は、もう一度中級へ通うこともできるのです。

フィンランドにおける教員の資質

　教員は、「子どもに動機を与えることができる人」「組織的に考えられる人」「コミュニケーションづくりやそのリーダーとなれる人」「評価ができる視点を持つ技術者、または専門家であること」の資質を求められています。

フィンランドの教育

MEMO：世界教育水準ランキング（読解力、算数、数学、科学）

　世界的な総合教育企業、英国Pearson社が発表したピアソンラーニングカーブ2014（平成26）年のランキングです。対象は義務教育終了までの子ども。トップの韓国は日本と同じような教育制度です。
①韓国　②日本　③シンガポール　④香港　⑤フィンランド　⑥イギリス　⑦カナダ
⑧オランダ　⑨アイルランド　⑩ポーランド

Chapter 5　覚えておきたい一般知識　社会・時事

21世紀型能力

- 国が目指す「21世紀型能力」の目的を理解し、教育活動の質を高める
- 「21世紀型能力」の三層図を理解する

「生きる力」に必要な資質と能力

　2008（平成20）年の中央教育審議会の答申で、子どもたちに必要なのは、**生きる力**としています。生きる力とは、変化の激しい社会の中で、どんな情勢になっても、自主的に課題を見つけ、学び、考え、行動し問題を解決する資質や能力。他人と協調し、人を思いやる人間性。たくましく生きる健康や体力などを指します。

　2011（平成23）年からの学習指導要領は、子どもたちが各教科を通じて、生きる力を育めるように作成されています。国立教育政策研究所は、生きる力を資質・能力の側面から再構成することを「21世紀型能力」として提唱しています。

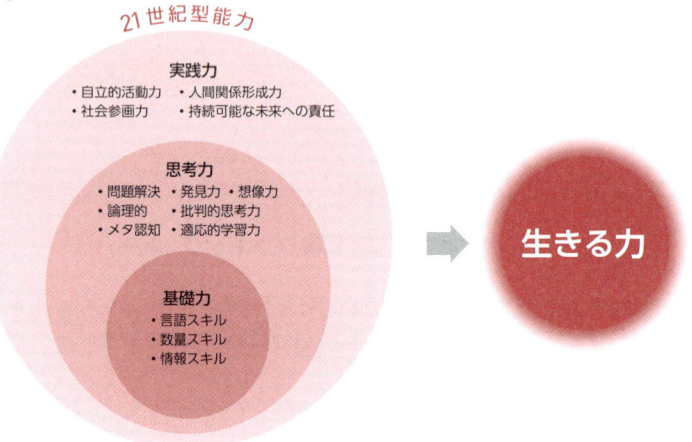

21世紀型能力

実践力
・自立的活動力　・人間関係形成力
・社会参画力　・持続可能な未来への責任

思考力
・問題解決　・発見力　・想像力
・論理的　・批判的思考力
・メタ認知　・適応的学習力

基礎力
・言語スキル
・数量スキル
・情報スキル

→ 生きる力

（図・国立教育政策研究所のHPより）

21世紀型能力の3つの力

変化のスピードがはやく、予測も難しい社会の中で「生きる力」を育むためには何が必要でしょうか？ 国立教育政策研究所は次のように提唱しています。

生きる力のための21世紀型能力

1. 中核となる思考力

思考力とは、自ら学び、考え、自分なりの意見を持つ力です。自らの考えを持ち、他の人と話し合いを通じて、比較検討し、さらに思索を深める論理的、批判的思考力でもあります。課題にひそむ問題をみつける発見力、問題を解決する解決力も重要です。自分が何を知っているか、これから何を学ぶべきか、冷静に認知するメタ認知力も含まれます。

2. 思考力を支える基礎力

思考は主に言葉をつかいますので、**言語力**は必須です。また、判断材料として、数値的、情報的な比較検討は常ですから、**数値スキル、情報スキルも基礎力**として重要です。

3. 方向付ける実践力

自分の、思考力、基礎力を総動員し、自分や社会、コミュニティーに**価値ある結果をもたらす力**が、実践力です。実践力とは、自分の行動力を調整する力。どのように生きるか、自分の生き方を自らデザインし、そこへ向かっていく力。目的に向かって効果的な他の人とのコミュニケーション能力。社会作りに積極的に参画する力などです。

MEMO 「21世紀型スキル」はどうして生まれたのか

1990（平成2）年以降、欧米を中心とする諸外国では、知識や技能だけでなく、人間の全体能力であるキー・コンピテンシー（多様化した社会に、適合できる能力）を基に、教育政策がたてられてきました。

アメリカ合衆国では、1991（平成3）年4月「世界レベルの教育水準達成を目指す」という国家戦略が表明されました。戦略の中で「21世紀型スキル」の基となる概念が誕生しました。背景には、1980（昭和55）年代以降、製造業の国際競争力の低下が社会問題としてあり、官民学一体の調査により、教育の水準向上が必要という結果がでました。アメリカ合衆国では、現在も、企業も加わり「21世紀型スキル」の研究が進められているのです。

Chapter 5　覚えておきたい一般知識　社会・時事

人権教育のあり方

- 世界の人権教育の現状について把握する
- 小学校での人権問題の取り組みについて理解する

国内外における人権教育の現状

　国際社会において、人権教育をおこなうことが義務であるとされたのは、世界177ヶ国が参加した1993（平成5）年の世界人権会議でした。「ウィーン宣言」といいます。宣言にもとづき「人権教育のための国連10年」という、行動計画が採択され実行されました。現在は、2015年から開始した「人権教育のための世界プログラム（第3段階）」が推進中です。この計画は、初・中・高等教育及び教育関係者への人権教育の実施強化が計画されています。

子どもの人権教育の必要性

　子どもでもスマートフォンを持ち、個人的に情報を発信したり、他人の個人的な情報を閲覧する、SNS（ソーシャル・ネットワーキングサービス）に簡単に接続するようになりました。子どもはその純真さと、知識の浅さから、意図せずして人を傷つけてしまうことや、傷つけられてしまうことがあります。SNS上での、気軽な発言が、予想以上に影響力を持ち、大きな問題になる可能性もあるのです。

　こうした状況を踏まえ、文部科学省では調査会議（2003年）を設置し、学校における人権教育に焦点を当て、「第3次とりまとめ」を公表しました。この中で、子どもの人権に関する基本的な知識の学習、**人権に関する直感的な感性**や、その**感性にもとづいた行動力の育成**を必要とするとしています。

小学校の人権教育で育てる資質と能力

　人権教育では、子どもたちに「自分のことを大切にする。同じように人のことも大切する」ということを知識だけの理解ではなく、行動につながる感覚まで浸透させることが重要です。学校においては、次のような資質や能力を総合的に培うことが求められています。

> **小学校の人権教育で育てる資質と能力**
> ●**人の立場に立つ想像力や共感力**
> 　他の人の立場に立ち、その人の考えや気持ちがわかる想像力や共感的
> ●**コミュニケーション力**
> 　自分の考えや気持ちを、適切に豊かに表現したり、相手の気持ちや考えも、的確に理解するコミュニケーション力
> ●**人間関係を調整する力**
> 　自他の要求を、両方ともに満たせる解決方法をみつけ、実現させる能力

人権教育の具体的な進め方

　埼玉県では、日常生活の中で、人権に関して直感的に感じるための人権感覚養成プログラムを作成しています。そのプログラムでは、次のようなことを学びます。

人権感覚養成プログラム(埼玉県教育委員会)の例

タイトル	こんなお話ないかな
内容	・泣いている子ども、まわりを囲む子どもの絵をみて、お話をつくり発表し合う ・つくった話しをもとに、日常の行動を振り返る
ねらい	他人の気持ちを想像したり、相手の立場に立って考えたりできる。

MEMO : 子どもの人権110番

　「子どもの人権110番」は、子どもの人権問題を、早期解決に導くための電話相談窓口です。電話は、最寄りの法務局・地方法務局につながり、法務局職員又は人権擁護委員が相談に応じます。電話番号は0120-007-110です。

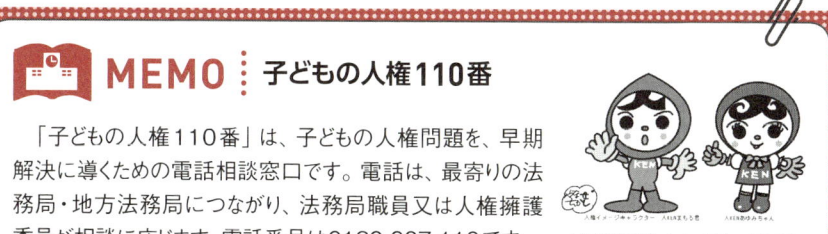

人権啓発活動イメージキャラクター

Chapter 5 覚えておきたい一般知識 社会・時事

総合的な学習の時間の活用

- 総合的な学習の時間の目的をしっかりと把握し、教育現場で生かす
- 具体的な事例を学ぶことで、実際に教員になったときにさまざまな工夫ができる

総合的な学習の時間とは

　総合的な学習の時間は、1998（平成10）年の学習指導要領改訂で新設さました。変化のはやい社会環境でも、**自ら課題を見つけ、自ら学び、自ら考え、主体的に判断し、よりよく問題を解決する資質や能力を育成する**ことをねらいとしています。

具体的には地域での体験活動などを通して、身の回りにあるさまざまな問題を把握し、子どもたちが子どもたちが、教科横断的に探求的・協同的に取り組む学習活動です。これにより、子どもたちは異なった立場や年齢の人々とのかかわりを経験し、期待されることの喜びや、信じること、協力することの素晴らしさを実感していきます。

今、求められる力を考える

　現在の学習指導要領では、「確かな学力（知）・豊かな人間性（徳）・健康（体）をバランスよく育成する」ことが求められています。

　OECDの国際学力調査（PISA）では「学校で修得した知識・技能の量ではなく、その活用能力」を調査対象としています。国際社会では、知識・技能の**応用力が重要**と考えられています。このことから、子どもに必要な力とは**実社会で生き抜く力**が必要だということがわかります。

総合的な学習の時間がもたらす影響

総合的な学習の時間は、**各学校で独自**に、地域に根ざした内容を扱います。学習がもたらす効果も、決まったものはありません。しかし、子ども、教員、地域の人々は、総合的な学習の時間を過ごすことにより、変わるのです。

川について学習した子どもは、川に生きる多くの生物のことを知り、川を汚してはいけない気持ちを新たにしました。教員は、独自のカリキュラムを作る必要がありますし、地域社会とより深く関わるようになりました。地域社会の人々は、子どもたちの純粋な探求心による発見に、知っていたはずのことを思い出し、ふるさとの素晴らしさを再発見するのです。

北海道札幌市資生館小学校の例

北海道札幌市立資生館小学校5年生の総合的な学習の時間でおこなわれた、「市電が走る札幌」の事例です。

目標	地域の教育力を有効に活用しながら、知識、技能を伸張する
育てたい力	問題をみつけ追求する力、自分を見つめる力、自分から働きかける力
テーマ	ふるさと
ねらい	地域の「人・もの・こと」を取り上げ社会的な意味や価値に気づかせる
内容	市電の走る街　札幌
学年	5年生
活動の実際	・対象に向き合う：市電を観察、乗車体験 ・歴史を知る：市電の昔を調査 ・未来を考える：市電の10年後の考察 ・地域の人とふれあう：市役所の方にお話を伺う ・地域の人から依頼を受ける：「市電の在り方のアイディアを募集したい」と依頼を受ける ・社会に参画する：10年後の市電のために、「市電プラン2018」市役所の役員に提案した

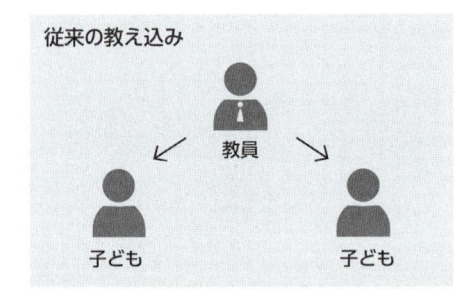

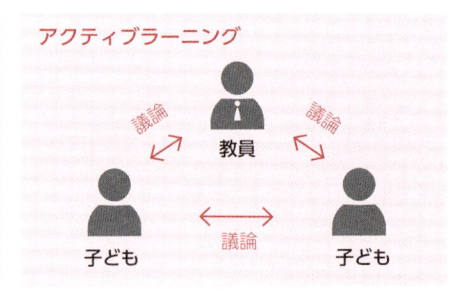

Chapter 5　覚えておきたい一般知識　社会・時事

アクティブ・ラーニング

- アクティブ・ラーニングの必要性を理解し今後求められる学習について考える
- 今後小学校の学習方法も大きく変わっていくことを理解し実践に役立てる

「アクティブ・ラーニング」の定義

　子どもが自ら考えて話し合いながら課題学習に取り組む形式の授業をアクティブ・ラーニングといいます。

　アクティブラーニングとは、文部科学省の中央審議会では「新たな未来を築くための大学教育の質的転換に向けて～生涯学び続け、主体的に考える力を育成する大学へ～（答申）2012（平成24）年8月」の中で、次のように定義しています。

> **アクティブラーニングとは**
> 教員による一方向的な講義形式の教育とは異なり、学修者の能動的な学修への参加を取り入た教授・学習法の総称。学修者が能動的に学修することによって、認知的、倫理的、社会的能力、教養、知識、経験を含めた汎用的能力の育成を図る。発見学習、問題解決学習、体験学習、調査学習等が含まれるが、教室内でのグループ・ディスカッション、ディベート、グループ・ワーク等も有効なアクティブ・ラーニングの方法である。

アクティブラーニングのイメージ図

従来の教え込み	アクティブラーニング
教員 → 子ども　子ども	教員 ⇔ 議論 ⇔ 子ども ⇔ 議論 ⇔ 子ども

アクティブ・ラーニングを取り入れる理由

　アクティブ・ラーニングを取り入れる理由は、子どもが**学習へ能動的に取り組む姿勢**を育成することが大きな目的です。2012（平成23）年のPISAの調査結果を見ると、日本の数学的リテラシーは65ヶ国中7位で、上位の結果でした。しかし「数学についての本を読むのが好きである（日本16.9％、OECD平均30.6％）」「数学の授業が楽しみである（日本33.7％、OECD平均36.2％）」などの質問からなる**興味・関心や楽しみ指標**は、65ヶ国中60位、算数を学ぶことが好ではないことがわかります。また、算数を生活に役立てているかの「あるテレビが30％引きになったとして、それが元の値段よりいくら安くなったかを計算する（日本60.6％、OECD平均79.8％）」という質問からなる**自己効力感指標**は、63位でした。この改善を図るひとつの方策と考えられています。

課題について話し合う子どもたち

MEMO　アクティブ・ラーニングで利用できるグループ技法

内容に応じて、適切なグループ技法をとりいれましょう。ここでは、アクティブ・ラーニングで利用できるグループ技法を紹介します。
- Think-Pair-Share…意見を出し合い、他者の意見と対比して考えを深める。
- ラウンド・ロビン…順に意見を述べていく。
- ジグソー…グループごとに専門分野を決め、専門を、他グループのメンバーに教えることにより深めていく。
- マイクロ・ディベート…肯定側と否定側に分かれてテーマを討論しあう、ディベートの簡易版。
- LTD（Learning Though Discussion）…予習とミーティングで構成。予習は一人で事前学習をし、ミーティングでグループで予習で学んだことを基に話し合う方式。

社会・時事 理解度チェック問題

問1 次の問いに答えなさい。

❶ 教育勅語が発表されたときの天皇は誰か。
❷ 初代文部大臣の名前を答えなさい。
❸ 教育基本法の制定は1947（昭和22）年だが、大きく改正されたのは何年か。
❹ 不登校とは、病気や経済的以外の理由で、年間何日以上欠席した場合か。
❺ 児童虐待とは、誰が誰に対しておこなう虐待か。
❻ 子どもたちが教室で勝手な行動をして、教師の指示に従わず、授業がおこなえない状況を何というか。

問2 いじめ防止対策推進法について、次の文の（　　）に入る語句を答えなさい。

❶ 児童等は、（　　）をおこなってはならない。（第4条）
❷ 学校は、（　ア　）、（　イ　）、（　ウ　）と連携を図り、防止及び早期発見に取組む。（第8条）
❸ （　ア　）は、子の教育に第一義的責任を有する。（　イ　）がいじめをおこなうことのないよう、規範意識を養うための必要な指導をおこなうように努めるものとする。（第9条第1項）

答え

問1　❶明治天皇　❷森　有礼　❸2006（平成18）年　❹30日　❺保護者がその監護する児童に対しておこなう行為　❻学級崩壊

問2　❶いじめ　❷（ア）児童等の保護者（イ）地域住民（ウ）児童相談所等（ア、イ、ウは順不同）　❸（ア）保護者（イ）保護する児童等

問3 次の状況の場合、3つの選択肢の中から、どの行動が小学校教員として不適切かを1つ選びなさい。

❶ 子どもAは、算数が不得意らしく、算数の時間になると窓の外をずっと眺めて、全く授業を聞かなくなった。
　ア．算数が苦手なのは、子どもAの個性なので様子を見る。
　イ．保護者に連絡をして、時間があるときに学校に来てもらい子どもAのことについて話し合う。
　ウ．算数が楽しくなる教え方を先輩教員に相談する。

❷ 子どもBの筆箱の中に、蟻が入れられていたり、みみずが入れられていたり、かえるが入れられたりしている。子どもBは騒ぐことなく、それらを筆箱から出して授業に参加している。
　ア．いじめかもしれないので、同じ学年のほかの担任や、先輩教師に情報を共有する。
　イ．いじめかもしれないので、保護者に連絡をとり、筆箱の件を話す。
　ウ．子どもBが、いじめられたと思っていないようなので、しばらく様子を見る。

❸ 子どもCが、目の周りに青あざをつけて学校へ登校してきた。昨日はなかったあざだった。子どもCに青あざはどうしたのかと聞くと、保護者に殴られたと答えた。
　ア．保護者に殴られたのは、虐待かもしれないので、教員内で情報を共有する。
　イ．保護者に殴られたのだとすると、家庭内の問題なのでしばらく様子を見ることにする。
　ウ．保護者に電話をし、家庭の様子を確認する。

答え

問3　❶ア　❷ウ　❸イ

問4 学校教育法第11条により、体罰と考えられる行為と懲罰と考えられる行為にわけなさい。

❶ 子どものお尻を棒でたたいた。
❷ 放課後等に教室に、30分間居残りさせた。
❸ 授業中、教員の指示なしで、歩き回る子どもを叱って席につかせた
❹ 子どもを廊下に正座させて、3時間そのままにした。
❺ 子どもを授業中、教室内に起立させた。
❻ 子どもがいうことを聞かないので、追加の宿題をだした。

問5 ADHDの特徴について、（　　）に入る語句を答えなさい。

ADHDは、日本語では（ ❶ ）と呼ばれる。ADHDの子どもの特徴として、（ ❷ ）、（ ❸ ）、（ ❹ ）などが挙げられる。

問6 自閉症について、（　　）に入る語句を答えなさい。

自閉症には、次の3つの特徴があります。
❶ （　　　　　　）における困難さ。
❷ （　　　　　　）における困難さ。
❸ （　　　　　　）ことの困難さ

答え

問4　体罰 ❶❹　懲罰 ❷❸❺❻
問5　❶注意欠陥多動性障害　❷不注意　❸衝動性　❹多動性（❷、❸、❹は順不同）
問6　❶対人関係や社会性　❷コミュニケーション　❸こだわりや想像する　❶❷は順不動

問7 次の問いに答えなさい。

1. 学校に理不尽な要求や、苦情を繰り返す保護者のことを一般になんと呼ぶか。
2. 話す、読む、書くには全く問題がないが、計算ができない子どもはどういった障害があると疑われるか。
3. 社会的な活動やコミュニケーションといった、人間の基本的な機能の発達に困難がある精神障害のグループの総称。
4. 国立教育政策研究所のプロジェクトの「教育課程の編成に関する基礎的研究」が今後求められる資質・能力として提唱した能力をなんと言うか。
5. 子どもが自ら考えて話し合いながら課題に取り組む形式の授業をなんというか。

問8 教育心理学者の名前を答えなさい。

1. 人間の要求を階層的にとらえることを提唱した心理学者。
2. 患者の自己治癒能力を信じ、心理カウンセラーは助言を与えてはいけないと主張した。
3. ネズミやハトがバーを押すとえさが食べられることを学習させ、これを「道具的条件付け（オペランド条件付け）」と呼んだ。この実験装置をスキナー箱という。考案した心理学者は誰か。
4. 類人猿（チンパンジー）の知恵実験を行った。
5. 自分の患者との経験から導きだした精神分析より、無意識の世界を重視し、特に夢に深い意味があることを提唱した。

答え

問7 ❶モンスターペアレント ❷学習障害（LD） ❸広汎性発達障害 ❹21世紀型能力 ❺アクティブラーニング　問8 ❶マズロー ❷ロジャーズ ❸スキナー ❹ケーラー ❺フロイト

Column 6

子どものアレルギー

　アレルギー疾患は特別な病気ではありません。しかし、適切に対応しないと、重篤な症状になることもあります。

　2012（平成24）年に食物アレルギーを持つ子どもが給食後にアナフィラキシーショックの疑いで亡くなるという事故が発生しました。こうした事故を2度と起こさないように、文部科学省は「今後の学校給食における食物アレルギー対応について（通知）2014年（平成26）年」のなかで、学校給食における食物アレルギー対応の基本的な考え方を提示しました。

食物アレルギーの原因となる食べ物

　学校では、①「学校給食における食物アレルギー対応指針（文部科学省）」の周知を図り、ガイドラインに沿った措置の実行　②教職員等に対する研修の充実　③給食提供時の各段階におけるチェック機能を強化　④緊急時には、アドレナリン自己注射薬（エピペン　登録商標）の積極的な使用。そのための危機管理マニュアルの整備　⑤医療機関、消防機関などとの各関係機関との連携体制の構築──の5項目です。

　教員として、ガイドラインを正しく理解し、緊急にも冷静に対応できるようにしましょう。

Chapter 6

覚えておきたい一般知識
法律

ここでは教育法規以外の法律を解説します。最近は教員採用試験の「教職教養」に、法律の条文が頻繁に出題されています。特に公共小学校教員は地方公務員ですから、「地方公務員法」に定められた条文に従って働かなければいけません。「地方公務員法」はしっかりと勉強しておきましょう。その他、小学校教員が守らなければいけない法律にどのようなものがあるのか見ていきます。

なぜ、公立小学校教員は法律を知る必要があるのでしょうか？ それは、法律が国の基本方針をあらわすからです。教育は、法律に則り、計画が立てられます。教員が法律や、その背景を理解していれば、子どもの「なぜ?」によりよい回答ができるのです。

Chapter 6　覚えておきたい一般知識　法律

地方公務員法

- 教員は地方公務員であり、さらに特例が設けられていることを知る
- 地方公務員法の教員に関わる条文を理解する

教員として採用されると同時に地方公務員になる

　教員採用試験に合格し、採用通知を受け辞令が交付されると、**教育公務員（正規職員）**という地方公務員になります。

　教員採用試験には合格せず、**臨時教員（臨時的任用職員）**として採用される場合でも、地方公務員法の適用を受けることになります。

特例として教育公務員特例法が定められている

　教育公務員は地方公務員なので、一般法の地方公務員法の適用を受けますが、特例として**教育公務員特例法**が定められています。教育公務員は教育を通じて国民全体に奉仕するという重大な使命を担っていることから、次の項目が定められています。

教育公務員特例法（抜粋）

条項	内容
第十一条	校長や教員の採用や昇任は選考による
第十三条	校長や教員の給与は条例に定める
第十七条	教育公務員の教育に関する兼業の特例
第十九条	服務規程は地方公務員法に準ずる
第二十一〜二十五条	研修に努める義務、法定研修など
第二十六〜二十八条	大学院への修業のための休業

小学校教員に課せられる責任が定められている条文

小学校教員は、**教育公務員特例法第十九条　大学の学長、教員及び部局長の服務規定**に則り、地方公務員法で定められている**職務の宣誓（第三十一条）**をしなければならず、**法令等及び上司の職務上の命令に従う義務（第三十二条）、職務に専念する義務（第三十五条）**があります。教員は政治的な意図をもって他人に影響を及ぼす行為や働きかけ、政治的な集会の企画や主催、および、それらに援助することはできません。特に教育公務員は政治的行為を制限される範囲が一般の地方公務員とは違い、全国に及ぶことを覚えておきましょう。なお、署名運動を企画、実施することはできませんが、署名することには問題ありません。

服務規程で定められている条文、政治的行為の制限についての条文を挙げておきます。

小学校教員の身分上の義務を定義した地方公務員法の条文

●**信用失墜行為の禁止（第三十三条）**
　職員は、その職の信用を傷つけ、又は職員の職全体の不名誉となるような行為をしてはならない。

●**秘密を守る義務（第三十四条）**
　職員は、職務上知り得た秘密を漏らしてはならない。その職を退いた後も、また、同様とする。

●**政治的行為の制限（第三十六条）**
　職員は、政党その他の政治的団体の結成に関与し、若しくはこれらの団体の役員となつてはならず、又はこれらの団体の構成員となるように、若しくはならないように勧誘運動をしてはならない。

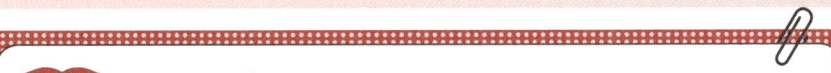

MEMO：教員はアルバイトできる?

公務員は副業は認められていません（第三十八条）。しかし任命権者の許可を取れば副業ができます。教員の任命権者は教育委員会の教育長です。下記にあてはまる場合は認められる可能性があります。無断で副業をした場合、戒告、減給、停職又は免職などの懲戒処分（第二十九条）となる場合もあります。
●本業の効率が落ちないこと　　●勤務先との利害関係が無いこと
●社会的信頼や品位を損ねないこと

Chapter 6　覚えておきたい一般知識　法律

児童福祉法

- 児童福祉法によって、児童がどのように保護されているかを学ぶ
- 教員がどのような立場にあるのか理解する

法律の趣旨と教員の責任を理解しよう

　児童福祉法には「すべて国民は、児童が心身ともに健やかに生まれ且つ育成されるよう努めなければならない」と規定されています（第一条）。つまり、子どもたちが「幸せで豊かに（福祉）育つ社会」をつくるための基本となる法律なのです。そして国や地方公共団体と子どもたちの保護者には、子どもたちを健やかに育成する責任を負うことを命じています（第二条）。またこの法律が指すところの保護者は、法律的な保護者ではなく、子どもを実際に養育する者としています（第六条）。よって教員公務員は、**子どもたちの福祉**に対して「**国民としての責任**」、「**公務員としての責任**」、「**保護者としての責任**」のすべてに関わる重要な立場といえます。そのため、教員は児童福祉法を熟知しておく必要があるのです。

学校や社会全体で児童福祉に対処する

　児童福祉法では都道府県や市町村に児童相談所の設置（第十二条）、児童委員の配置（第十六条）を定め、社会全体で問題に対処することを求めています。本法律の定めるところによると、教員だけが子どもに対する責任を背負っているというわけではなく、地域の人々、子どもと関わるすべての人に責任があるのです。しかし、子どもが学校で過ごす時間が長いので、教員の責任は大きいといわざるを得ません。

青少年保護育成条例

　子どもたちの保護を考えるときに必ず出てくるのが、青少年保護条例です。これは都道府県ごと、または市町村単位で、法律の範囲の中で制定されるものです。長野県以外全ての都道府県にあり、規制の内容が違います。有害図書などの規制、自販機の制限、健全育成を阻害する行為の規制、インターネット上の子どもに有害な情報にかかわる規制などの条例があります。

青少年保護育成条例 (一部掲載)

都道府県	条例名	制定日	青少年の定義
北海道	北海道青少年健全育成条例	1955年4月2日	18歳未満の者
宮城県	青少年健全育成条例	1960年3月31日	6歳以上18歳未満の者（婚姻により成年に達したものとみなされる者を除く）
埼玉県	埼玉県青少年健全育成条例	1983年11月1日	18歳未満の者（婚姻により成年に達したものとみなされる者を除く）
千葉県	千葉県青少年健全育成条例	1964年11月1日	小学校就学の始期から18歳に達するまでの者（結婚により成年に達したものとみなされる者を除く）
東京都	東京都青少年の健全な育成に関する条例	1964年8月1日	18歳未満の者
神奈川県	神奈川県青少年保護育成条例	1955年1月4日	満18歳に達するまでの者（婚姻により成年に達したものとみなされる者を除く）
新潟県	新潟県青少年健全育成条例	1977年3月31日	18歳に達するまでの者（婚姻した女子を除く）
山梨県	青少年保護育成のための環境浄化に関する条例	1964年4月2日	満18歳に満たない者（法令の規定により成年に達したとみなされる者を除く）
静岡県	静岡県青少年のための良好な環境整備に関する条例	1961年10月4日	小学校就学の始期から満18歳に達するまでの者（婚姻によって成年に達したものとみなされる者を除く）
愛知県	愛知県青少年保護育成条例	1961年3月28日	18歳未満の者
京都府	青少年の健全な育成に関する条例	1981年1月9日	18歳未満の者（婚姻により成年に達したとみなされる者を除く）
大阪府	大阪府青少年健全育成条例	1984年3月28日	18歳未満の者（婚姻により成年に達したものとみなされる者を除く）
兵庫県	青少年愛護条例	1963年3月31日	18歳未満の者（婚姻により成年に達したとみなされる者及び成年者と同一の行為能力を有する者を除く）
岡山県	岡山県青少年健全育成条例	1977年6月16日	18歳未満の者（婚姻により成年に達したものとみなされる者を除く）
広島県	広島県青少年健全育成条例	1979年3月13日	18歳未満の者（婚姻により成人に達したとみなされる者を除く）
福岡県	福岡県青少年健全育成条例	1995年12月25日	18歳未満の者（他の法令により成年者と同一の能力を有するとされる者を除く。
佐賀県	佐賀県青少年健全育成条例	1977年7月29日	18歳未満の者（婚姻により成年に達したとみなされた者を除く）
長崎県	長崎県少年保護育成条例	1978年4月1日	18歳未満の者（他の法令により成年者と同一の能力を有する者を除く）
熊本県	熊本県青少年保護育成条例	1971年6月8日	小学校就学の始期から18歳に達するまでの者（婚姻した女性を除く）

6 覚えておきたい一般知識　法律

Chapter 6 覚えておきたい一般知識 法律

小学校教員に関係のあるその他の法律

- 法律が、教育現場にどのように関わっているかを理解する
- 小学校では、法律に則してどのような取り組みがおこなわれているかを知る

小学校における食育の取り組み

　食育基本法は、**食育によって国民が健全な心身を培い、豊かな人間性を育むことが目的の法律**で内閣府が2005（平成17）年に定めました。

　子どもへの食育の中心は家庭です。しかし、保護者自身の知識不足や、時間不足から実践できない場合もあります。こうした状況から、食育は学校でもおこなう必要があります。

　食育を推進するため、学校には、栄養教諭が配置されることになりました。栄養教諭は、学校栄養職員がおこなってきた学校給食管理に加え、子どもたちへの食の指導をおこないます。文部科学省が学校に求める学校ごとの年間を通じた食育の全体計画は、栄養教諭が中心となって作成します。食育に関連する教科は、社会、理科、生活、家庭、体育、道徳、総合的な学習の時間です。

> **食育教育の実践例**
> **学年**：5年生
> **教科**：社会
> **目標**：我が国の食料生産について関心を持ち、意欲的に調べたり考えることができる。
> **学習活動と内容**：給食の食材を調べ、自給率と食料生産の安全の問題について話し合う。我が国は自給率が低く、外国産の食材が多いが、学校給食は安全面の配慮から、国内産が多く使われていることを知る。

子どもの読書活動推進に関する法律

　子どもの読書活動の推進に関する法律の基本理念として、文部科学省によって2001（平成13）年に施行されました。第二条に次のように定められています。

子どもの読書活動の推進に関する法律　第二条
　子ども（おおむね十八歳以下の者をいう。以下同じ。）の読書活動は、子どもが、言葉を学び、感性を磨き、表現力を高め、創造力を豊かなものにし、人生をより深く生きる力を身に付けていく上で欠くことのできないものであることにかんがみ、すべての子どもがあらゆる機会とあらゆる場所において自主的に読書活動を行うことができるよう、積極的にそのための環境の整備が推進されなければならない。

小学校における読書推進運動

　学校は、子どもたちの読書習慣を形成していくうえで大きな役割を担っているため、多くの推進活動が行われています。取り組みの例としては、毎朝始業前朝の10〜15分間、本を読む**「朝の読書」**があります。**「みんなでやる、毎日やる、好きな本でよい、ただ読むだけ」**の四つの原則を基本理念とし、感想文なしで自由に本を読ませることで、子ども達の本への興味を育みます。この活動には多くの学校が賛同しており、**朝の読書推進協会**の調査によると、**全国平均80％の小学校**がこの活動を行っています。他にも**「調べ学習」**の機会の提供、教員やボランティアによる本の読み聞かせ、図書館への社会科見学など、さまざまな活動がおこなわれています。

MEMO：国際子ども図書館

　国立国会図書館の支部であり、児童書を専門に扱っている図書館です。国立国会図書館と違い年令制限はなく、子どもも自由に児童書を読むことができます。1階には「子どものへや」、「おはなしのへや」、「世界を知るへや」があり、1万冊を越える本が用意されています。子どもへの「おはなし会」や、世界の国の資料や絵本など1セット（約50冊）を学校に貸し出す「学校図書館セット貸出し」のサービスなど、読書推進活動も積極的におこなっています。

教育現場でも重要視される著作権法

著作権法とは、著作者の権利を保護し、著作物の公正な利用を図ることによって、文化の発展に寄与することを目的とした法律です。「著作物　思想又は感情を創作的に表現したものであつて、文芸、学術、美術又は音楽の範囲に属するものをいう。(第二条第一項)」と定義づけられています。また世論調査や、人口統計などのデータやアイディアは、保護対象には含まれません。著作権保護の期間は原則として著作者の死後50年（映画は公表後70年）です。無方式主義（著作権の発生にはいかなる方式も不要という考え方）により、著作物を創作した時点で著作権は自動的に発生します。

教育現場における、著作権

教育現場では、書籍の一部をコピーしてプリントを作成するなど、教材として著作物を利用する場合が多くあります。これは本来、複製権（第二十一条）の侵害になりますが、第三十五条の例外が認められています。

> **著作権法第三十五条第一項**
> 　学校その他の教育機関（営利を目的として設置されているものを除く。）において教育を担任する者及び授業を受ける者は、その授業の過程における使用に供することを目的とする場合には、必要と認められる限度において、公表された著作物を複製することができる。ただし、当該著作物の種類及び用途並びにその複製の部数及び態様に照らし著作権者の利益を不当に害することとなる場合は、この限りでない。

必要と認められる限度においてですので、問題集を1冊だけ購入して学級全員にコピーして配るような行為は認められません。試験問題作成のために、既存の著作物を利用することも、許されています（第三十六条）。

子どもたちもソーシャル・ネットワーキング・サービス（SNS）に、画像や出来事を投稿するようになりました。何が著作物で保護されるのか、機会をとらえて、説明しましょう。著作権法は、教育現場に直接的に関わってくることも多くありますので、しっかりと把握しておくことが大切です。

外国人の子どもへの就学に関する法律

　文部科学省の「外国人の子どもの公立義務教育諸学校への受け入れについて」に、外国人の子どもは義務教育への就学義務はないが、希望する場合は、国際人権規約を踏まえ、**日本の子どもと同じように、授業料と教科書を無償で受け入れる**とあります。根拠となる法律や国際人権規約は次の通りです。

外国人の子どもの義務教育就学について根拠となる法律
- 日本国憲法　第二十六条
- 教育基本法　第五条
- 経済的、社会的及び文化的権利に関する国際規約（A規約）第十三条
- 児童の権利に関する条約　第二十八条

日本語指導が必要な外国人児童への対応

　定住する外国人の増加や保護者の国際結婚の増加のため、日本語指導が必要な外国人児童数は文部科学省の調査によると、2014（平成26）年は18,884人でした。文部科学省では、公立学校における帰国・外国人児童生徒に対するきめ細かな支援事業として、編入学当初に行なう子どもの母国語通訳者の派遣、外国人の子どもをまとめて指導するセンター校の設置、日本指導ができる支援者の派遣などのをおこなっています。

日本語指導が必要な外国人児童数

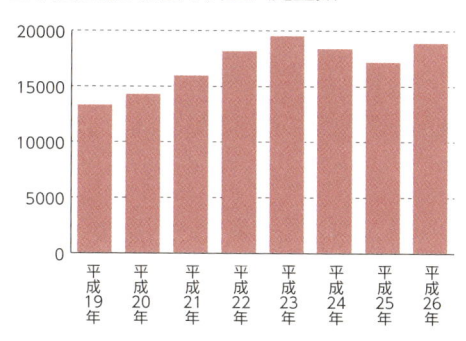

文部科学省「日本語指導が必要な児童生徒の受入状況等に関する調査2014年（平成26年度）」

📖 **MEMO**　外国人の子どもの不就学問題

　外国人は日本国憲法で定められている就学義務が課せられていないため、保護者か本人が希望しなければ就学しません。そのため、経済的理由や言葉の壁などさまざまな理由から不就学の子どもが増加傾向にあります。不就学の子どもは非行や引きこもり、不法就労に従事させられることもあり、自治体や政府の対策が求められています。

個人情報保護法とはどのような法律なのか

　個人情報保護法とは、個人情報を取り扱う事業者に対して個人情報保護の義務を課すことで、**個人の権利利益を保護することを目的**とした法律です。この法律により、企業の個人情報に対する管理態勢が強固なものになり、情報流出の被害を最小限にとどめることが期待されています。**法の対象となるのは、個人情報取扱業者**（5千人以上の個人情報を、紙、電子媒体を問わずデータベース化し、事業に利用している業者のこと）です。個人情報とは、下記のように定義されています。

> **個人情報保護法　第二条**
> 　この法律において「個人情報」とは、生存する個人に関する情報であって、当該情報に含まれる氏名、生年月日その他の記述等により特定の個人を識別することができるもの（他の情報と容易に照合することができ、それにより特定の個人を識別することができることとなるものを含む。）をいう。

小学校における個人情報の保護

　公立学校は個人情報取扱事業者ではないので個人情報保護法は適用されませんが、**各自治体が定める個人情報保護条例**に則って、**個人情報の保護に努めています**。なお、5千人を越える個人情報をデータベース化している私立学校は個人情報保護法が適用されます。

　また、個人情報保護法が施行されて以来、連絡網もかわりました。かつてはクラス全員の名前が載っている連絡網でしたが、電子メールによる一斉配信で連絡をおこなう学校が主流になっています。

> **小学校での個人情報への取り組み**
> ●個人情報保護に関するガイドラインを定め、周知徹底する。
> ●教員に対して研修をし、個人情報に関する意識を高める。
> ●使用するパソコンにはパスワードを設定しセキュリティを高める。
> ●ホームページや学級通信などで子どもの写真を使用するときは、個人を特定できないように氏名と写真は一緒に載せない。
> ●記事に児童の個人情報を載せる場合は、「氏名」・「学年」に限定し、保護者の同意を求める。

発達障害者支援法とは

　発達障害者支援法は、発達障害者を早期発見し、教育を支援することによって、発達障害者の自立及び社会参加を促進することを目的とした法律です（第一条）。**発達障害とは、自閉症、アスペルガー症候群その他の広汎性発達障害、注意欠陥多動性障害やこれに類する脳の障害で、低年齢に発現するもの**、としています（第二条）。

　これまでは、このような知的、身体的に障害を伴わない障害は、法的に障害者とみなされておらず、支援の対象にもなっていませんでした。発達障害者支援法の成立によって、各自治体は発達障害者の早期発見と、**支援体制を整えることが義務づけられる**ようになりました（第三条）。これらの対策は、発達障害支援を総合的に行う、地域の**発達障害者支援センターを中心として**行われます（第十四条）。

特別支援教育支援員制度

　文部科学省の推計では、発達障害の可能性のある子どもはクラスの6.3％に上るといわれています。障害の症状も多様化しており、教員だけで支援を行うには限界があります。その対策として、**特別支援教育支援員の制度**があります。NPO法人などの民間から支援員を学校に派遣し、障害のある子どもの学習や生活の支援を行うものです。支援員のきめ細かい支援によって子どもの症状が改善した例もあり、発達障害支援の有効な手段として期待されています。

> **MEMO：特別支援教育コーディネーター**
>
> 　特別支援教育コーディネーターは、障害のある子どもに対する特別支援教育を推進するために、各学校に配置が義務づけられている担当教員です。教員や特別支援教育支援員と連携しながら、校内委員会や校内研修の企画・運営、関係機関との連絡・調整、保護者からの相談窓口などの役割を担います。校務分掌に位置付けられており教員の中から指名されます。

法律 理解度チェック問題

問1　次の問いに関係のある日本の法律名を答えなさい。

❶ 日本国民として、すべての子どもが心身とも健やかに育つように勤めなければならない。
❷ 小学校教員の副業を条件付きで許可する。
❸ 健全な食生活を実践することができる国民を育てる。
❹ 子どもが積極的に読書する習慣を形成する。
❺ 小学校教員が、授業のために問題集の数ページをコピーして子どもに配ることを認めている。
❻ 外国人の子どもの公立義務教育諸学校への受け入れる。
❼ 学校の様子を伝えるホームページに子どもの写真と個人名を同時に掲載できない。
❽ 発達障害者の自立や社会参加を促進することを目的として制定された。
❾ 学校で使用するパソコンの立ち上げ時にパスワードを必ず入れなければならない。
❿ 都道府県や市町村に児童相談所を設置する。
⓫ 小学校教員は、教員の信用を損なうような行為をしてはならない。
⓬ 教員は、校長の名に従う。

答え

問1　❶児童福祉法　❷教育公務員特例法　❸食育基本法　❹子どもの読書活動推進に関する法律　❺著作権法　❻日本国憲法・教育基本法　❼個人情報保護法　❽発達障害者支援法　❾個人情報保護法　❿児童福祉法　⓫地方公務員法　⓬地方公務員法

問2

次の文で定められていることにおいて、「地方公務員法」で定められていることと、「教育公務員特例法」それぞれにわけなさい。

❶ 小学校教員は、研修を受け続ける必要がある。
❷ 新任教員は、初任者研修を受ける必要がある。
❸ 小学校教員が子どもに相談された悩みを他の子どもに話す。
❹ 新任教員は、指導教諭が指導や助言をおこなう。
❺ 小学校教員が副業をする場合は、教育長の許可を得なければならない。
❻ 小学校教員は、飲酒運転をして教員としての信用を失う行為を行ってはならない。
❼ 小学校教員には、研修を受けさせる機会を与えなければならない。
❽ 小学校教員が、自身が職務上知り得た子どもの成績を、ほかの子どもの保護者に話してはならない。
❾ 小学校教員は、特定の政治家を応援する会合の開催者になってはならない。

問3

都道府県や市町村ごとに制定されている、青少年保護条例には、どのような規制や制限があるか。（　　　）に入る語句を答えなさい。

❶ （　ア　）などの規制
❷ （　イ　）の制限
❸ （　ウ　）行為の規制
❹ （　エ　）にかかわる規制

答え

問2　地方公務員法 ❸❻❽❾　教育公務員特例法 ❶❷❹❺❼
問3　（ア）有害図書　（イ）自販機　（ウ）健全育成を阻害する　（エ）インターネット上の子どもに有害な情報

問4 次の条文について（　　）に入る語句を答えなさい。

❶ 児童福祉法　第一条
　（　　）は、児童が心身ともに健やかに生まれ且つ、育成されるように努めなければならない。

❷ 子どもの読書活動推進に関する法律　第二条
　すべての子どもが（　　）において自主的に読書活動を行うことができるよう、積極的にそのための環境整備が推進されなければならない。

❸ 著作権法　第三十五条第一項
　（　ア　）（営利を目的として設置されているものを除く。）において（　イ　）及び（　ウ　）は、その授業の過程における使用に供することを目的とする場合には、必要と認められる限度において、公表された著作物を複製することができる。

❹ 個人情報保護法　第二条
　この法律において「個人情報」とは、生存する個人に関する情報であって、当該情報に含まれる（　　）（他の情報と容易に照合することができ、それにより特定の個人を識別することができることとなるものを含む。）をいう。

❺ 著作権法　第二条第一項
　著作物（　ア　）を創作的に表現したものであつて、（　イ　）の範囲に属するものをいう。

❻ 地方公務員法　第三十三条
　職員は、（　ア　）、又は（　イ　）となるような行為をしてはならない。

答え

問3 ❶ すべて国民は　❷ あらゆる機会とあらゆる場所　❸（ア）学校その他の教育機関（イ）教育を担当する者（ウ）授業を受ける者　❹ 氏名、生年月日その他の記述等により特定の個人を識別することができるもの　❺（ア）思想又は感情（イ）文芸、学術、美術又は音楽　❻（ア）その職の信用を傷つけ（イ）職員の職全体の不名誉

問5 次の文で正しいものに○、間違っているものに×をつけなさい。

❶ 教員試験に合格し、採用通知を受け辞令が交付されると、地方公務員法の適用を受ける。
❷ テストで使う問題を参考にした出版社には、利用の許諾をとる必要がある。
❸ 青少年保護条例は、国が決めた条例である。
❹ 「朝の読書」は、子どもの読書活動推進に関する法律の第十条に制定されており、公立小学校に実施が義務づけられている。
❺ 著作権保護の期間は原則、著者の生誕から50年後である。
❻ 日本に住民票がある、外国籍の子どもも、日本人の子どもと同じように義務教育を受ける権利がある。
❼ 日本に住民票がある外国籍の子どもは、日本の学校へ授業料を払って入学することができる。
❽ 外国に住む、日本国籍の子どもは、義務教育を受けなくてもよい。
❾ 特別支援教育コーディネーターとは、障害のある子どもに対する特別支援教育の推進のために、福祉・医療機関との連絡調整や保護者との窓口を担当する。
❿ 児童福祉法では都道府県や市町村に児童相談所の設置と、児童委員の配置を定めている。
⓫ 公立学校は個人情報取り扱い事業者ではないので、個人情報保護法は適用されない。
⓬ 発達障害には、注意欠陥多動性障害（ADHD）が含まれる。
⓭ 特別支援教育支援員制度とは、特別支援学校の教員の中から校長が任命する。

答え

問4　❶○　❷×　❸×　❹×　❺×　❻×　❼×　❽×　❾○　❿○　⓫○　⓬○　⓭○

Column 7

スマートフォンの普及で増えた"いじめ"とは

　警視庁がまとめた「少年非行情勢」（2015年）によると、いじめに起因する事件で検挙・補導された小・中・高校生は前年より減りました。ところが罪種別でみた上位の項目（下表参照）をみてみると、特筆するのは4位にの児童ポルノです。

　児童ポルノという"いじめ"が、初めてランクインしたのは2006年で、近年増化傾向にあります。女子の割合が多いのも特徴です。

　この背景には、スマートフォンを使って写真や動画をソーシャル・ネットワーキング・サービス（SNS）に手軽に写真が公開できることがあります。被害者の裸を撮影し、ネットで公開するという新しい"いじめ"です。

　文部科学省の「児童生徒の問題行動等生徒指導上の諸問題に関する調査2013年度」では、小学校でのいじめの認知件数が11万8805件に達し、1997年の調査開始以来、最多記録を更新しました。校内へのスマートフォンの持ち込みを許可している小学校では、学校の早急な対策が課題です。

小・中・高校生いじめ起因で検挙・補導した犯罪別トップ8（2014年）

1. 傷害 …………… 164人（うち女子14人）
2. 暴行 …………… 142人（うち女子11人）
3. 暴力行為 ……… 34人（うち女子0人）
4. 児童買春・児童ポルノ
　　　　　　　　　 28人（うち女子20人）
5. 強要 …………… 27人（うち女子6人）
6. 恐喝 …………… 21人（うち女子0人）
7. 窃盗 …………… 7人（うち女子0人）
8. 脅迫 …………… 6人（うち女子2人）

出典:少年非行情勢（平成26年1月〜12月）
平成27年2月警察庁より

Chapter 7

覚えておきたい一般知識
指導

ここでは、子どもたちとの接し方や指導法を紹介します。子どもたちと過ごすのは授業だけではありません。クラブ活動や修学旅行、校外活動などもあります。各場面での指導の意義をしっかりと理解し、現場で役立てましょう。

> 小学校の指導の根本が理解できていれば、現場でも応用できます。指導の根本は、採用試験の面接や論文試験などでも役立ちますが、自分なりに考察して、現場で生かせるようにしておきましょう。

Chapter 7　覚えておきたい一般知識　指導

小学校教育の指導法

- 小学校教育では学力だけでなく、子ども達の人格形成を促す指導も重要
- これからの教育には子どもの「生きる力」の育成が求められている

小学校教育でおこなわれている指導

　6～12歳の頃は人格を形成していく上で大切な時期なので、小学校教育では学力や知識についての指導はもちろんのこと、**人格形成を促すための指導**も重要です。そのため、小学校では原則として全教科を学級担任が教える全教科学級担任制がとられ、中学校、高等学校の教育に比べ、より深く子どもたちにかかわる指導が配慮されています。

　学級担任は、子どもたちの登校から休み時間、給食の時間や自宅へ帰宅するまで、授業以外のさまざまな生活指導まで及びます。

　教師が担う役割は、子どもたちが**基本的な生活習慣、社会生活上のきまりを身につけ、他人とともに協調し、他人を思いやる心や、感動する心などの豊かな人間性を養う**ことです。

これからの小学校教育に求められるもの

　2014（平成18）年に行われたOECD生徒の学習到達度調査で「日本の子どもたちは、基礎的な知識・技能は身に付いているものの、知識・技能を実生活の場面に活用する力に課題」があると結果が出ました。テストの成績はよいが、テストで問われたことを実生活で使う知恵が低いようです。

　これからの小学校教育に必要なことは、テストのための学びではなく、「学ぶことは楽しい」「なぜそれを学ぶのか？」「学ぶと何に役立つのか？」という、学びの根本の教育でしょう。

「生きる力」を育む授業

　テストで好成績をとるための学習ではなく、自らの力で未来を切りひらき、心豊にたくましく生きる力を育むための教科指導を行なうには、何が重要でしょうか？　東京都教職員研修センターの「生きる力を育む強化指導」によると、高校までの教育全体を俯瞰しながら、各段階で必要な指導が大切としています。

系統的な指導を行なうための共通理解
- 各発達段階の身につけさせる力と、学習内容を関連づけること
- 小学校では具体的な体験を伴った学習を十分に行なうこと
- 学習方法は、講義形式による知識・技能の修得の学習と問題解決的な学習のバランスをとること
- 問題解決的な学習には、基礎的・基本的な知識・技能の定着が必要

国語の指導例

　東京都教職員研修センター紀要の、国語の学習指導事例です。

指導例		国語「読んで考えたことを伝えよう『ごんぎつね』」
対象		小学校4年生
ねらい		「ごんぎつね」を他の子どもと、話し合いながら読み深める
指導計画	1次	どんな学習であるかを知る
	2次	ごんや兵十の気持ちを読み取り、他の子どもと話し合う
	3次	感想、心に残ったことの記録、他の子どもと話し合う
成果の検証		他の子どもの考えを聞いて、自分の考えを見直せたかを感想から読み取る

MEMO：時代に合わせた学習指導要領の変化

　学習指導要領は時代の流れによって変化してきています。なかでも、1998（平成10）年版「総合な学習の時間」の新設や、2008(平成20)年版の5・6年生での「外国語活動」新設は注目すべき変化だと言えます。国際化や競争の激化により、今や日本だけでなく世界でリーダーシップをもって活躍できる人材の育成が初等教育にも求められるようになっているのです。

Chapter 7　覚えておきたい一般知識　指導

特別活動

● 特別活動で望ましい集団活動を通してさまざまな態度や能力を養う
● 特別活動の目的を深い理解し教育現場で応用できるようにする

特別活動とは

　特別活動は、子ども達に集団の中で、良好な人間関係をつくること、その中で、自主的に何かを成し遂げたり、問題解決したりすること、それらを、学ばせる活動なのです。学級活動、児童会活動、クラブ活動、学校行事が特別活動に含まれます。

　特別活動の目標は学習指導要領　第6章に次のようにあります。

> **学習指導要領　第6章　特別活動の目標**
> 望ましい集団活動を通して、心身の調和のとれた発達と個性の伸長を図り、集団の一員としてよりよい生活や人間関係を気づこうとする自主的、実践的な態度を育てるとともに、自己の生き方についての考えを深め、自己を生かす能力を養う。

望ましい集団活動とはどのようなものか?

　教員の役割は、クラブ活動が望ましい集団活動となるように援助することです。では、望ましい集団活動とは、どういった活動でしょうか。

　国立政策研究所の「楽しく豊かな学級・学校生活をつくる特別活動　小学校編2013（平成25）年」によると、望ましい集団活動とは、次のような活動となっています。

- 活動の目標をみんなでつくること。
- 目標達成の方法を話し合って決めること。
- 役割分担をし、協力して取り組むこと。

特別活動の特質と意義

　特別活動は、各教科をはじめ**他の領域とは違う特質**があります。国立政策研究所の「楽しく豊かな学級・学校生活をつくる特別活動　小学校編2013（平成25）年」によると、特別活動の特質は次の通りです。

❶集団活動であること
❷自主的な集団活動であること
❸実践的な活動であること

　また、特別活動の充実により、期待できる効果は次の通りです。

特別活動の充実がもたらす効果
●いじめの未然防止につながる
　特別活動で、よりよい人間関係を築く力と問題解決能力が育成される。よりよい人間関係のある集団は、親和的雰囲気があり、特定の子どもを継続的に苦しめる行為は発生しない。問題解決能力があれば、お互いにトラブルを解決し合える。
●学力向上につながる
　よりよい人間関係があれば、安心して間違い、安心して失敗ができる。リラックスできるので、自己表現が豊かになる。子どもたち同士、切磋琢磨して、高め合っていけるので、学習の向上につながる。
●自己有用感を育むことにつながる
　よりよい人間関係を築くために、役割分担をしたり、任された仕事の責任を果たし、集団の一員として活動する。活動により、達成感や充実感、自分の成長に気づく。活動を通じ、集団の中での自分の存在感を自覚し、自己有用感が高まる。

MEMO：アメリカ合衆国の学級活動

　アメリカ合衆国でも、小学校は学級担任制で、学級ごとに授業を受けます。しかし、学級活動のような週に一度、学級全員で話し合う時間割はないようです。学級全体で問題を共有し、解決する文化はなく、問題には個別に対応するようです。規則違反の子どもには、学校管理職が指導し、心理や進路の問題は専門のカウンセラーがアドバイスをします。

Chapter 7 覚えておきたい一般知識　指導

学級活動と児童会活動

● 学級活動と児童会で、子どもたちの主体性を育む
● 児童会活動で、子どもたちと一緒に楽しい学びができる学校をつくる

子どもたちで組織して活動する学級会と児童会

　特別活動のなかでも、学級会と児童会は子どもたちで組織して活動することが大きな特徴です。それぞれ、教員はどのようにかかわっていくのかを見ていきましょう。

問題解決をする学級会

　学級活動とは、子どもたちが自主的に問題を解決する活動の時間です。学級活動のチェックポイントごとの指導留意点は次の通りです。

●事前指導

| ①問題の発見 | ②議題の選定（計画委員会） | ③活動計画の作成（計画委員会） | ④問題の意識化 |

事前指導で大切なのは、議題は、1時間かけて話し合う内容かの確認。

●学級活動中におけるチェックポイント

| ①決まっていることの提示 | ②思考の可視化 | ③教員の助言指導 | ④教員の話 |

話し合いが混乱した場合に、助言する。

●事後指導

| ①実践の準備 | ②学級活動で決まったことの実践 | ③一連の活動の振り返り |

決まったことの実践への勇気づけや、上手く活動できない子どもの支援。

全学年の子どもで組織する児童会活動

児童会活動とは、学校での学びが楽しくできるように、子どもたちが学年を超えてグループになり、実施するものです。学習指導要領による活動内容は、次のように定められています。

| ①児童会の計画や運営 | ②異年齢集団による交流 | ②異年齢集団による交流 |

児童会の活動形態
①代表委員会：主として高学年の学年代表、各委員会の代表、関連する内容に必要に応じて、クラブ代表が参加する。
②委員会活動：主として高学年が学校内の自分たちの仕事を分担処理するための活動。
（例：集会、新聞、放送、図書、環境美化、飼育栽培、健康など）
③児童会集会活動：児童会主催で行われる集会活動。全校で行われる全校児童集会と、学年の子どもたちで行われる学年児童集会などがある。活動の計画や内容についての協議、また活動状況の報告や連絡などがある。

教員は年間指導計画に基づき、子どもたちの活動計画の作成を支援します。子どもたちの**自発的、自治的な活動が効果的に展開される**よう、**教員はきめ細やかで適切な指導をします**。低学年の意見も通るようにするなど、全校の子どもたちの**意向が反映されるよう配慮**が必要です。

学級会または児童会活動は、学校の活動としてふさわしい内容に指導をします。子どもたちの負担過重にならないよう、**子どもたちができることと、できないことを明確にすることも重要**です。

MEMO：発達の段階による指導のめやす

学習指導要領では、学級活動の各段階での目標を次の通りとしています。
低学年：仲良く助け合い学級生活を楽しくする
中学年：協力し合って楽しい学級生活をつくる
高学年：信頼し支え合って楽しく豊かな学級や学校の生活をつくる
教員は、どの学年を担任しても、子どもたち一人ひとりが持っている個人差と課題をよく理解し、期待をもって様々な改善を働きかけるよう指導し、信頼関係を深めることが大切です。

Chapter 7 覚えておきたい一般知識　指導

クラブ活動

- 全教師が異年齢の子どもたちと深く関わるクラブ活動の目標を理解する
- 文科系と体育系のクラブ活動の特徴をつかむ

クラブ活動の目標

クラブ活動の「クラブ」とは、小学4～6年生の子どもたちによる、同じ興味や関心をもった組織のことです。

クラブ活動の目標は、学習指導要領第6章に次のようにあります。

> **学習指導要領　第6章　クラブ活動**
> クラブ活動を通して、望ましい人間関係を形成し、個性の伸長を図り、集団の一員として協力してよりよいクラブづくりに参画しようとする自主的、実践的な態度を育てる。

クラブ活動はPDCAサイクルで運営するとよいでしょう。PDCAとは、①Plan（計画と運営）、②Do（実行）、③Check（成果の発表）、④Act（改善）の順番で継続的に活動を改善していく行程のことをいいます。

① **計画と運営**：クラブ活動の内容や役割分担などを計画する。
② **クラブを楽しむ活動**：活動計画にもとづいて、創意工夫しながら活動を楽しむ。
③ **成果の発表**：発表会を企画して発表する。
④ **改善**：活動を振り返り改善する。

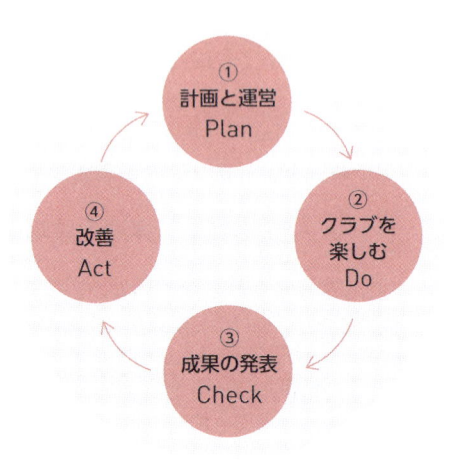

種類が豊富な文科系クラブ

　種類が豊富なのは文科系クラブです。料理や手芸、マンガを描いたりするイラストクラブなどは、小学校では一般的なクラブ活動です。楽器がそろっている小学校には、吹奏楽クラブがあるところもあります。

　また、外部講師を迎えて、折り紙、茶道、郷土料理作り、水墨画、俳句作りなど伝統文化を学ぶクラブも増えています。奉仕活動にかかわる手話クラブ、国際理解を深めるための英会話クラブやパソコンを取り入れた実践的なクラブも人気です。地元の畑で学校農園や園芸をしたりするクラブもあります。

英語クラブで会話中の子どもたち

人気の体育系クラブ

　特に人気のある体育系クラブは、球技スポーツのクラブです。希望者が多く、定員過剰ということもあります。クラブ活動は子どもたちの自主性を尊重しているため、気に入ったクラブに入れないということがないように配慮しなくてはなりません。

　また、地域の施設や自然環境を利用するクラブ活動もあります。地域のゲードボールクラブと試合をしたり、地元の方と一緒に山登りや自然観察をするクラブもあります。

MEMO　スポーツ少年団に委託する小学校も

　クラブ活動を地域のスポーツ少年団に委託する小学校も増えています。スポーツ少年団がその小学校のクラブ活動と同義のものと認識されていることもあります。

　スポーツ少年団といえば、圧倒的に野球やサッカーですが、が多かったのですが、最近でバスケットボールなどもメジャーになってきました。ラグビーやドッジボール、テニス、ゴルフ、レスリングとさまざまなスポーツがありますが、メジャーになりきれていません。

7　覚えておきたい一般知識　指導

Chapter 7 覚えておきたい一般知識 指導

学校行事

- 学校行事を通じ、望ましい人間関係の形成と集団生活と公共道徳を学ぶ
- 校外の豊かな自然と文化に親しみ、普段と違う生活習慣を学ぶ修学旅行

学校行事の目的

学校行事は、全校または学年という大きな集団を単位におこなわれる活動で、学習指導要領第6章に次のように書かれています。

> **学習指導要領　第6章　第2　学校行事　1目標**
> 学校行事を通じて、望ましい人間関係を形成し、集団への所属感や連帯感を深め、公共の精神を養い、協力してよりよい学校生活を築こうとする自主的、実践的な態度を育てる。

全校または学年という**大きな集団で活動する意味をよく理解し、学校や地域および子どもたちの実態**に応じて、**行事およびその内容検討**します。学習指導要領によると、おこなうべき学校行事の内容は次の通りです。

- **儀式的な行事**
  厳粛で清新な気分を味わう（例：入学式、卒業式など）
- **文化的行事**
  文化や芸術に親しむ（例：芸術鑑賞会、学芸会、クラブ発表会など）
- **健康安全・体育的行事**
  健康な心と体、安全な生活をつくる（健康診断、避難訓練、運動会など）
- **遠足・集団宿泊的行事**
  友情を深め、助け合うことの大切さを知る（例：遠足、修学旅行、野外活動など）
- **勤労生産・奉仕的行事**
  人の役に立つことの喜びを知る（例：地域社会の清掃活動、飼育栽培活動など）

学校行事での、地域や自然とのかかわり、文化や人の触れ合いは、**学校生活に変化**を与え、子どもたちの心を育て、心に残る思い出になります。

修学旅行の目標と注意点

校外で自然や文化に触れ、子ども同士や教員との人間関係を深める修学旅行は楽しい思い出のひとつです。とくに、数日間、家族以外と長時間過ごし、電車に乗る、宿泊施設を利用するなど、子どもたちにとって**公衆道徳の体験を積む**ことも重要です。

子どもたちが修学旅行でかけがえのない体験をするためには、なんといっても安全確保が重要です。教員は子どもたちが安全に活動できるよう細心の注意を行わなければなりません。とくに指導計画は、担当教員が全員で作成します。行き先の選定も教員同士で現地を視察し、最低1人は宿泊先に泊まり、子どもたちの安全が確保できるか入念に確認をします。最近は子どもの事故が多い海辺は避ける傾向があります。

事前の準備と引率時の注意

修学旅行の前に**修学旅行のしおり**を作成します。修学旅行のスケジュールや宿泊施設の連絡先だけではなく、喘息持ちや食物アレルギーなど持病がある子どもたちは、発作が出た場合の対応などを事前に保護者に確認しおきましょう。

万が一、自然災害など不測の事態にあった場合は、どのように自校と連絡をとるのかなど、常にリスク対応ができるように、指導計画を作成しておきましょう。

日光東照宮への修学旅行

MEMO 小学生のお小遣いはいくらまで?

小学校6年生が修学旅行に持っていくお小遣いは5,000円までというのが最も多く、学校側で上限が決められているケースがほとんどです。子どもたちにとって、自分でお金を管理するということも貴重な学習になります。

Chapter 7　覚えておきたい一般知識　指導

校外学習の選定と注意点

- 校外学習では積極的に地域・諸団体の施設を活用
- 校外学習の成功は、教員の入念な準備と連携によるところが大きい

校外学習のねらいとその効果

　校外学習は、**社会、理科、生活、総合的な学習の時間、特別活動などの学習活動を学校の施設から外に出ておこなうもので、子ども同士の人間関係を深め、基本的な生活習慣や公衆道徳の体験を積む**ことが期待されます。教科の学習活動として実施される場合は、**学習内容について、体験や見学などを通じて、子どもたちの理解を深める**ものでなければなりません。また、特別活動として実施される場合には、ねらいの達成を期待することができるものでなければなりません。

　校外学習は、積極的に地域の施設や諸団体を活用し、自然や文化などに触れられるように配慮し、その場限りの体験に終わらせるのではなく、まとめて発表させると、言語活動（話す、聞く、読む、書く）の育成にもつながります。

地域に密着した校外学習

　校外学習といえば、**社会科見学**を思い浮かべる人が、多いのではないのでしょうか。地元の企業の工場や施設を見学し、ものづくりの仕組みや地域産業のことを学びます。

　企業だけではなく、消防署や警察署で職員による講習を受けたり、市民農園での野菜づくりや、ゴミ処理施設でリサイクルや環境問題について考えたり、実際に<u>ワークショップ</u>などを取り入れた体験学習もできます。

課外活動とは

　課外活動とは、学習指導要領で定められている各領域（各教科、道徳、外国語活動、総合的な学習の時間、特別活動）の**学習活動の範囲外で、学校が独自に計画して実施する授業や体験活動、行事などの教育活動**です。

　課外活動を含めた学校での教育活動は、保護者や地域の方々のニーズや、子どもたちの実態にあったものを、教員全員で意見交換し、見直しや改善を図りましょう。

国会議事堂見学する子どもたち

課外授業はアイデア次第

　具体的な課外授業は、大きく4つに分類することができます。1つ目は、小学校へ出前授業として地域の人々、政治家やスポーツ選手などがやってきて授業するケース。2つ目は、子どもたちが地域の施設や自然の中で出かけていくケース。3つ目は、職業訓練の要素をともなったものづくり体験や語学研修です。4つ目は、科学技術やパソコン、インターネットを使った学習です。

　課外授業は多種多彩。**アイデア次第で楽しい授業**ができます。教員になったら、ぜひとも企画運営に携わりましょう。

MEMO：子どもゆめ基金

　理科のおもしろ実験をしたり、美術館を楽しむツアーを企画したり、人形劇で遊んだり、さまざまな子ども向けの課外授業があります。子どもゆめ基金は、国と民間が協力して、子どもの体験・読書活動などを応援し、子どもの健全育成の手助けをする基金です。この基金から助成金を受けた団体が学校へユニークな課外授業を提供しています。ミュージシャンやスポーツ選手が夢を語る「夢の課外授業」という企画もあります。

指導 理解度チェック問題

問1 学習指導要領に書かれているクラブ活動の目標について（　）に入る語句を答えなさい。

クラブ活動を通して、（ ❶ ）し、（ ❷ ）、（ ❸ ）してよりよいクラブづくりに参画しようとする自主的、実践的な態度を育てる。

問2 国立政策研究所の「楽しく豊かな学級・学校生活をつくる特別活動」による特別活動の充実がもたらす効果について（　）に入る語句を答えなさい。

❶ （　ア　）の未然防止になる。
❷ （　イ　）の向上につながる。
❸ （　ウ　）を育むことにつながる。

問3 学習指導要領に書かれているおこなうべき、学校行事の内容について（　）に入る語句を答えなさい。

❶ （　ア　）的な行事
❷ （　イ　）的な行事
❸ 健康安全・（　ウ　）的行事
❹ 遠足・（　エ　）的行事
❺ 勤労生産・奉仕的行事

答え

問1　❶望ましい人間関係を形成　❷個人の伸長を図り　❸集団の一員として協力（❷～❸は順不同）
問2　❶いじめ　❷学力　❸自己有用感
問3　ア：儀式　イ：文化　ウ：体育　エ：集団宿泊　アイは順不同

問4 次のクラブ活動に関して、正しいものに○、間違っているものに×をつけなさい。

❶ 何クラブがあるかは、学校ごとに違う。
❷ サッカー部に参加したい子どもが多いので、2チームにわける。わけ方は、シュートをさせてみて、シュートできた子どもチームとできなかった子どもチームに分けた。
❸ 子どもたちがゲーム部を発足させたいと提案してきたのでゲーム部ができた。
❹ パソコン部は、ブログ作成をよく知っている子どもが、あまり得意ではない子どもに教えることにしている。
❺ 茶道部では、卒業した子どもの保護者が、茶道の師範なので、引き続き子どもたちを指導している。
❻ 家庭科部では、毎回料理をつくっている。次につくる料理については、子どもとクラブ担当の教員と話し合って決めることにしている。
❼ 百人一首クラブはメンバーがいなくなり休止になるところだった。クラブ担当の教員は、自分の学級の子どもを無理矢理参加させている。
❽ 参加が希望制の器楽クラブでは、始業前の30分にメンバーで集まり練習をしている。
❾ 落語クラブのメンバーになったが、自分に注目があつまると、話せなくなる子どもがいる。保護者と話し合い、別のクラブに参加させた。
❿ クラブ担当の教員が指導できるとは限らない。

答え

問4　❶○　❷×　❸○　❹○　❺○　❻○　❼×　❽○　❾×　❿○

問5 学習指導要領に書かれている特別活動の目標について（　）に入る語句を答えなさい。

（ ❶ ）を通して、心身の調和のとれた発達と個性の伸長を図り、（ ❷ ）としてよりよい生活や人間関係を築こうとする（ ❸ ）を育てるとともに、自己の生き方についての考えを深め、自己を生かす能力を養う。

問6 クラブ活動のサイクルを記述しなさい。

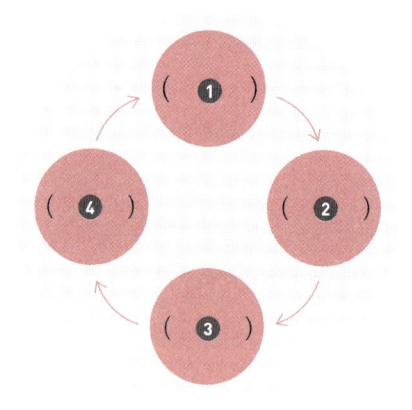

（ ❶ ）→（ ❷ ）→（ ❸ ）→（ ❹ ）→（❶に戻る）

問7 次の小学校教育について（　）に入る語句を答えなさい

6～12歳は人格を形成していく上で大切な時期なので、小学校教育では学力や知識についての指導はもちろんのこと、（ ❶ ）も重要です。そのため、小学校では原則として全教科を学級担任が教える（ ❷ ）がとらえている。

答え

- 問5　❶ 望ましい集団活動　❷ 集団の一員　❸ 自主的、実践的な態度
- 問6　❶ 計画と運営 Plan　❷ クラブを楽しむ Do　❸ 成果の発表 Check　❹ 改善 Act
- 問7　❶ 人格形成を促すための指導　❷ 全教科担任性

問8 望ましい集団活動について（　　）に入る語句を答えなさい。

1. （　ア　）をみんなでつくること。
2. （　イ　）を話し合って決めること。
3. （　ウ　）をし、協力して取り組むこと。

問9 特別活動の特質について（　　）に入る語句を答えなさい。

1. （　ア　）であること。
2. （　イ　）であること
3. （　ウ　）であること

問10 次の学習指導要領　第6章第2　学校行事 1目標について（　　）に入る語句を答えなさい。

（　❶　）を通じて、望ましい人間関係を形成し、（　❷　）、公共の精神を養い、協力してよりよい学校生活を築こうとする（　❸　）を育てる。

問11 次の問いに答えなさい。

❶ 1998年（平成10）年版の学習指導要領で新設された領域は何か
❷ 2008年（平成20）年版の学習指導要領で新設された領域は何か

答え

問8　ア：活動の目標　イ：目標の達成方法　ウ：役割分担
問9　ア：集団活動　イ：自主的な集団活動　ウ：践的な　ア～ウは順不同
問10　❶学校行事　❷集団への所属感や連帯感を深め　❸自主的、実践的な態度
問11　❶総合的な学習の字間　❷外国語活動

Column 8

小学校教員の教材研究

　小学校教員にも教科書「教師用指導書」があります。これには、「目標」や「指導案」が記載されており、授業を組み立てる上での参考書として用います。

教科書"を"教えるのではなく、教科書"で"教える

　しかし、教員ならば、教科書に書いてあることをそのまま教えるのではなく、よく理解した上で、そこに書かれていることを自分で噛み砕き、子どもたちに伝わるように工夫するようにしましょう。それには、子どもたちが使っている教科書のほかに、ドリルや練習帳を多く使うことが効果的です。

　市販のドリルや練習帳は、イラストが入っていたり、クイズやゲームのように取り組めるものが多く、とくに低学年の子どもたちが、楽しみながら学習できるように作られています。

　教員は常に良い教材をさがしています。教材は毎年新しいものが作られているので、教材研究がなかなか追いつかない時は、ベテラン教員に相談をしたり、また研修で知り合った他校の教員と情報交換しましょう。休日に行った書店でも、ついつい教材コーナーを見てしまう……という方もいるそうです。

　子どもたちに楽しく、わかりやすい授業をおこなうために、教員は教材研究に努力を惜しまないのです。

Chapter 8

小学校教員の専門常識・基礎知識
総まとめ問題集

本書全体の内容が復習できます。基本的なことばかりなので、確実に解けるようにしておきましょう。また、問題に取り組むことで関連した情報も思い起こすことができ、教員採用試験直前にも役立ちます。ぜひ繰り返し挑戦してみてください。

一度理解したことや覚えたことを忘れないためには繰り返しが大切です。この問題集を活用し、知識を定着させましょう。

小学校教員の専門常識・基礎知識 総まとめ問題集

問1 次の文は小学校の組織と職務内容について述べたものです。（　　　）に入る語句を答えなさい。

❶ 小学校の組織は（　ア　）という法律に定められている。

❷ 学校全体の教育、職員、施設、事務は（　イ　）が管理する。

❸ （　イ　）の補佐と、実際に子どもの教育を担当する教員とのパイプ役を担うのは（　ウ　）である。地域によっては副校長と呼ぶ。

❹ （　イ　）、（　ウ　）の指示で学校全体に関わる仕事のとりまとめや、教員の意見の調整や育成をおこなうのは（　エ　）である。

❺ （　オ　）は学校全体の年間行事や教育計画を立案する。（　エ　）が担当することが多い。

❻ 同じ学年を受け持つ担当教員のリーダーは（　カ　）と呼ばれる。

❼ 子どものけがや病気等の応急処置は（　キ　）がおこない、臨床心理士またはそれに準ずる有資格者の（　ク　）が心の問題に関する助言などをおこなう。

❽ 教務外の総務・人事・財務・福利厚生など、学校運営に関する実務をおこなうのは（　ケ　）である。

❾ （　コ　）は学校施設の管理や維持を担当し、（　サ　）は学校給食の栄養管理指導を行っている。

❿ 子どもたちに読書や、読書を通じた学習活動の習慣をつける体制をつくるのは（　シ　）である。

⓫ （　ス　）は日本人の教員とともに外国語授業の実施をサポートする。

答え

問1　ア．学校教育法　イ．校長　ウ．教頭　エ．主幹教諭　オ．教務主任　カ．学年主任　キ．養護教諭　ク．スクールカウンセラー　ケ．事務職員　コ．学校用務員　サ．栄養士（栄養教諭）　シ．司書教諭　ス．ALT

問2 教育委員会の役割について、正しいものに○、誤っているものに×をつけなさい。

❶ 教育委員会はすべての市区町村にある。
❷ 教育委員は、市区町村内にある全小学校の校長の同意を得て任命される。
❸ 教育委員会の運営は自治体によって管理されている。
❹ 教育委員会の仕事は、所管にある学校の設置、管理や廃止、教育委員会や学校そのほかの教育機関の職員の任免そのほかの人事に関することである。
❺ 2014（平成26）年の法改正により創設され、従来の教育委員長と教育長を一本化した新たな責任者は教育委員長である。

問3 小学校教員に関係する法律について、あてはまる語句を答えなさい。

❶ 教育に関する法律は多数あるが、（　ア　）は日本国憲法第26条の教育を受ける権利と教育を受けさせる義務により保障されている。
❷ 教育関連の法律（　イ　）、（　ウ　）は1947（昭和22）年に憲法とともに制定された。
❸ （　イ　）は2006（平成18）年、国際化・情報化・少子高齢化等の状況変化に伴い改正され、新たに第3条（　エ　）、第7条「大学」、第8条「私立学校」、第10条（　オ　）、第11条（　カ　）、第13条（　キ　）、第17条（　ク　）が新設された。

答え

問2　❶○　❷×　❸○　❹○　❺×
問3　ア．義務教育　イ．教育基本法　ウ．学校教育法　エ．生涯学習の理念　オ．家庭教育　カ．幼児期の教育　キ．学校、家庭及び地域住民等の相互の連携協力　ク．教育振興基本計画

小学校教員の専門常識・基礎知識
総まとめ問題集

問4 公立小学校教員の待遇について、あてはまる語句を答えなさい。

❶ 公立小学校の教員は、（　ア　）の職員である。

❷ 公立小学校の教員の給与は（　イ　）から支払われ、うち3分の1は（　ウ　）である。このため、教員は（　エ　）とも言われる。

❸ 一般的に、公立小学校教員は週休（　オ　）日制で、夏休みなど、子どもたちの長期休業中は（　カ　）勤務である。

❹ 出産や子育てへの対応が民間企業より充実しており、出産・育児休業は（　キ　）でも取得しやすい職場環境である。

❺ 教員は、年次有給休暇、病気休暇、（　ク　）、そのほか特別休暇などの休暇を取得することができる。

問5 教員の福利厚生について、正しいものを選びなさい。

❶ 共済制度は、公立学校共済組合によって運営されている。

❷ 公立学校の教員に採用されると労働組合に加入しなければならない。

❸ 労働組合は現在5つ存在する。

❹ 他の自治体に異動した場合は、共済組合員の資格ははく奪される。

❺ 互助会は、共済組合事業の補完的な活動をしている公益財団法人である。

❻ 育児休業中は互助会から給付金が支給される。

❼ 退職金は、勤務年数、年齢、退職理由から算定する。

❽ 年金は在職中に共済組合や互助会で積み立て、退職後に一定額を受け取る。

答え

問4　ア．市区町村　イ．都道府県　ウ．国庫負担　エ．県費負担教職員　オ．2　カ．通常　キ．男性　ク．介護休暇　　問5　❶❸❺❽

問6　下記の説明文を読み、あてはまる語句を答えなさい。

❶ 小学校教員の仕事は大きくわけると、子どもに関わること、（　ア　）、学校運営に関わること、である。

❷ 子どもたちに、給食や掃除の時間を通じておこなう指導を（　イ　）指導、授業をおこなうことを（　ウ　）指導という。

❸ （　エ　）は、（　オ　）に依拠して学校全体の行事を含めた授業計画を立てる。この計画を、（　カ　）と呼び、教育委員会へ提出する。

❹ 小学校は、学校ごとの（　キ　）によって業務分担を行っている。各分掌組織の構成教員は（　ク　）が任命する。

問7　学級担任としての主な仕事について、正しいものを選びなさい。

❶ 学校全体の教務計画を立てる。
❷ 教員の生活態度の監督をする。
❸ 休み時間に子どもたちと遊ぶ中で、各人の個性や人間関係を把握する。
❹ 学校での子どもの様子を保護者に見てもらうために、授業参観の実施、学級通信の作成などをおこなう。
❺ 保護者と共通理解を持つにため、保護者との連絡帳を活用する。
❻ 校長の補佐と、そのほかの教員との橋渡し役をする。

答え

問6　ア．教員として自分自身に関わること　イ．生活　ウ．学習　エ．教務主任
　　　オ．学習指導要領　カ．教育課程　キ．校務分掌　ク．校長
問7　❸❹❺

小学校教員の専門常識・基礎知識
総まとめ問題集

問8 法律で定められている教員の研修について、あてはまる語句を答えなさい。

1. 「教育公務員は、その職責を遂行するために、絶えず研究と修養に勤めなければならない」と法律（　ア　）第21条で定められており、国や各自治体の教育委員会では各種教員研修を体系的に整備している。
2. 国が主催する研修は（　イ　）で実施され、主に校長や教頭など向けの（　ウ　）研修が中心である。
3. 都道府県の教育委員会が主催する研修には、（　エ　）である（　オ　）、（　カ　）がある。
4. 新任者への研修には、小学校内で週10時間以上、年間300時間以上ベテラン教員がおこなう（　キ　）と、都道府県の教員研修センターなどでの講義受講や社会福祉体験など、年間25日以上の参加が必要な（　ケ　）がある。

問9 保護者との接し方で望ましいものに○、望ましくないものに×をつけなさい。

1. 保護者会では、保護者が教員に伝えたいことを聴く時間を設けた。
2. 保護者に、学校での子どもたちの様子がわかる写真を撮り、学級通信に載せている。
3. 保護者からの伝言が連絡帳あったのでコメントし、子どもに持たせた。
4. 保護者から授業中に電話連絡があったようだ。忙しかったのでコールバックするのを忘れた。
5. 「うちの子どもを学芸会の主役にしろ」と言ってきた保護者に「それはできない」と笑って答え、理由の説明は一切しなかった。

答え

問8　ア．教育公務員特例法　イ．独立行政法人 教員研修センター　ウ．学校管理　エ．法定研修　オ．初任者研修　カ．10年経験者研修　キ．校内研修　ク．校外研修　　問9　❶○　❷○　❸○　❹×　❺×

問10 次の文で説明されている、教員免許状の名称を答えなさい。

❶ 一般的に教員免許と言われている免許状。
❷ 大学院修士課程修了（修士）で取得できる免許状。
❸ 大学卒業（学士）で取得できる免許状。
❹ 短期大学卒業（準学士）で取得できる免許状。
❺ 優れた知識や技能を持つ社会人を採用し、教育現場の多様化への対応や、活性化を図るために対応や活性化を図るために用いられる免許状。
❻ 普通免許状を有する者を採用することができない場合に限り用いられる免許状。
❼ 養護教諭になるために必要な免許状。

問11 教員免許を取得する方法について、あてはまる語句を答えなさい。

❶ 教員免許を取得するには、教員免許を取得できる教育機関（　ア　）、（　イ　）、（　ウ　）に通学し、必要単位を取得する必要がある。
❷ 通学せずに（　エ　）教育で取得することも可能である。この場合（　オ　）として大学に入学し大学卒業とともに教育免許状取得を目指すケースと、（　カ　）として教育免許状を取得するのに必要な単位のみの取得を目指すケースがある。
❸ （　キ　）試験は（　ク　）免許状を取得するための試験であり、合格すれば教職課程を修了していない人や高卒者でも教員資格を取得できる。

答え

問10　❶ 普通免許状　❷ 専修免許状　❸ 一種免許状　❹ 二種免許状　❺ 特別免許状　❻ 臨時免許状　❼ 養護教諭普通免許状　　問11　ア．短期大学　イ．大学　ウ．大学院修士課程（アイウは順不同）　エ．通信　オ．正科生　カ．科目履修生　キ．教育資格認定　ク．二種

小学校教員の専門常識・基礎知識 総まとめ問題集

問12 教員免許制度の説明について、正しいものに○、間違っているものに×をつけなさい。

① 教員免許状は5年に一度、更新される。
② 免許状の期限満了までの2年間に、50時間以上の講習を受ける必要がある。
③ 教員免許状は都道府県の教育委員会が授与する。
④ 病気などやむを得ない事由がある場合のみ、有効期限を延長する制度がある。

問13 教育実習および教員採用試験について、あてはまる語句を答えなさい。

① 実習期間は小学校の場合、原則（　ア　）週間程度である。
② 教員採用試験の正式名称は（　イ　）という。
③ （　ウ　）は教育法規や教育史など、教職に関する基礎的な知識を問う試験である。
④ （　エ　）は中学・高校生レベルの知識や教養を問う試験である。
⑤ 専門教養は、各教科の専門知識や（　オ　）に基づいた指導案（学習活動案）の作成などが問われる。
⑥ 音楽、図工、体育などの実技試験、論文試験、筆記試験では見ることができない資質や人物を評価するための（　カ　）試験もおこなわれる。
⑦ 教員採用試験の受験にあたっては区分に該当する免許状を持っていることが前提であるが、在学中の場合は免許状の（　キ　）を提出する。
⑧ 地方公務員法および（　ク　）、（　ケ　）に定められた（　コ　）に該当する場合は受験することができない。

答え

問12　①×　②×　③○　④○　　問13　ア. 4　イ. 公立学校教員採用候補者選考試験　ウ. 教職教養試験　エ. 一般教養試験　オ. 学習指導要領　カ. 面接　キ. 取得見込証明書　ク. 学校教育法　ケ. 教育職員免許法　コ. 欠格条項や欠格事由など

問14　日本の教育の近代史について、（　　）に入る語句を答えなさい。

❶ 明治政府は1872（明治5）年（ ア ）を発布し、日本の近代学校制度を初めて定めた。

❷ 1885（明治18）年、初代文部大臣に就任した森有礼は、その翌年、学校種別に対応した（ イ ）、（ ウ ）、（ エ ）、師範学校令などからなるいわゆる学校令を新たに公布した。

❸ 1890（明治23）年、天皇の臣民としての国家へ忠誠を尽くす教育方針が強化される根拠となった、（ オ ）が発布された。

問15　児童虐待防止法で定義している、虐待にあたる行為を答えなさい。

❶ _____
❷ _____
❸ _____
❹ _____

問16　教員の対応として正しいものに○、間違っているものに×をつけなさい。

❶ 教員は、児童虐待があると判断した場合、個人情報の保護の観点から、十分な調査をして確証を得られた後に、関係機関に連絡相談をしなければならない。

❷ 教員は、児童虐待を発見しやすい立場であることを再確認し、早期発見に努めなければならない。

答え

問14　ア．学制　イ．小学校令　ウ．中学校令　エ．帝国大学令　（イウエは順不同）　オ．教育勅語
問15　❶身体的虐待　❷性的虐待　❸ネグレクト（育児放棄）　❹心理的虐待　　問16　❶×　❷○

小学校教員の専門常識・基礎知識
総まとめ問題集

問17 いじめに関する一連の対策を求めていることが特徴の法律名を答えなさい。

(　　　　　　　　　　　　　　　)

問18 不登校についての記述で正しいものに○、間違っているものに×をつけなさい。

❶ 不登校とは、「何かしらの心理的、情緒的、身体的、あるいは社会的要因・背景により、児童生徒が登校しないあるいはしたくともできない状況にあるために年間30日以上欠席したもの（ただし、病気や経済的な理由による者を除く）」としている。

❷ 不登校を「心の問題」としてのみとらえるのではなく、「進路の問題」としてとらえ、本人の進路形成に資するような指導・相談や学習支援・情報提供などの対応をする必要がある。

❸ 不登校は、心の問題を抱えた一部の子どもに関わることであるから、個人情報の取り扱いに十分配慮しつつ、スクールカウンセラーなどの専門家に心のケアを任せるべきである。

問19 いじめについて（　　）に入る語句を答えなさい。

❶ いじめの早期発見は、子どもが発する（ ア ）をみのがさない。

❷ いじめの問題は、教員1人で抱え込まず、学校全体で（ イ ）に対応すること。

❸ 学校がいじめの問題を把握した場合は、速やかに（ ウ ）や（ エ ）に報告し、適切な連携を図ること。

答え

問17 いじめ防止対策推進法　　問18 ❶○　❷○　❸×
問19 ア. 危険信号　イ. 組織的　ウ. 保護者　エ. 教育委員会　（ウエは順不同）

問20 注意欠陥多動性障害（ADHD）について、文部科学省の教育支援資料「障害のある子どもの就学手続きと早期からの一貫した支援の充実」の文の（　　）に入る語句を答えなさい。

　注意欠陥多動性障害は、障害そのものに社会的認知が十分でなく、また、注意欠陥多動性障害のない子どもにおいても、（　ア　）、（　イ　）、（　ウ　）という同じ特徴をみせることがあることから、注意欠陥性多動性障害のある子どもは、「故意に活動や課題に取り組むことを怠けている」あるいは「自分勝手な行動」などとみなされてしまい、障害の存在が見逃されやすい。まずは、これらの行動が障害に起因しており、その（　エ　）に応じた指導及び支援が必要であることを（　オ　）や学校教育関係者が認識する必要がある。特に、早期からの適切な対応が効果的である場合が多いことから、低学年の段階で（　カ　）がその（　エ　）を十分に理解し、適切な指導や支援の意義を認識することが重要である。

　なお、文部科学省が実施した全国的な実態調査では、学習障害や注意欠陥多動性障害等の可能性があり、学習や生活の面で特別な（　キ　）を必要としている子どもは小学校の通常の学級に（　ク　）程度在籍している。

問21 特別支援教育の推進について、正しいものを選びなさい。

❶ 障害のある子どもが、将来の進路を主体的に選ぶことができるように、はやい段階で進路の充実を図る。
❷ 子どものいじめに関して、いじめの理由が障害に関するかどうかは、プライバシーに関わる問題なので、話題にしないで指導する。

答え

問20　ア. 不注意　イ. 衝動性　ウ. 多動性　（アイウは順不同）　エ. 特性　オ. 保護者　カ. 学級担任　キ. 教育的支援　ク. 6.3%　問21　❶○　❷×

小学校教員の専門常識・基礎知識
総まとめ問題集

問22 ブルームの教育評価について正しいものに○、間違っているものに×をつけなさい。

❶ 形成的評価とは、教師の指導や子どもの学習を改善するために、学習活動の推進中に子どもに対して実施される評価のことである。

❷ 相対評価とは、なんらかの目標や基準を評価基準とし、目標達成あるいは基準満足度を用いて実施される評価のことである。

❸ 総括的評価とは、学習活動の前提条件として必要となる知識や理解を有しているかを判断するために、学習活動の当初に子どもに対して実施される評価のことである。

問23 認知発達段階を感覚運動期、前操作期、具体的操作期、形式的操作期の4つに区分した人物を答えよ。

❶ エリクソン　❷ フロイト　❸ ピアジェ　❹ ユング

問24 教育心理学について（　　）に入る語句を答えなさい。

条件付け訓練の手続きは（ ❶ ）の条件反射に代表されるような、無条件刺激が条件刺激に置き換わるタイプのものと、ゾーンダイクの（ ❷ ）を基礎とし、スキナーの実験に代表されるような、能動的な反応が条件反応として形成されるタイプのものとに大別される。前者は（ ❸ ）条件付け、後者は（ ❹ ）条件付けと呼ばれる。

答え

問21 ❶○ ❷× ❸○　問22 ❸　問23 ❶パブロフ　❷試行錯誤学習　❸レスポンド　❹オペラント

問25 教育公務員特例法の条文ではない条文を、次の中から一つ選びなさい。

❶ 公立の小学校等の校長及び教員の給与は、これらの者の職務と責任の特殊性に基づき条例で定めるものとする。
❷ 教育公務員は、その職責を遂行するために、絶えず研究と修養につとめなければならない。
❸ 市町村立学校職員給料負担法　第一条および第二条に規定する職員の任命権は、都道府県委員会に属する。
❹ 教育公務員には、研修を受ける機会が与えられなければならない。
❺ 公立の小学校等の教諭等の任命権者は、当該教諭等（政令で指定する者を除く。）に対して、その採用の日から一年間の教諭の職務遂行に必要な事項に関する実践的な研修を実施しなければならない。

問26 次の小学校教員に関係する条文の（　）に入る語句や法律名を答えなさい。

❶ 職員は、職務上知り得た（　ア　）を漏らしてはならない。その職を退いた後も、また同様とする。（　イ　）法
❷ 国民は、家庭、学校、保育所、地域そのほかの社会のあらゆる分野において、基本理念にのっとり、生涯にわたり健全な食生活の実現に自ら努めるとともに、食育の推進に寄与するよう努めるものとする。（　ウ　）法
❸ 父母そのほかの保護者は、子どもの読書活動の機会の充実及び読書活動の機会の充実及び読書活動の習慣化に積極的な役割を果たすものとする。（　エ　）法

答え

問24 ❸　地方教育行政の組織及び運営に関する法律　第37条　他は、すべて教育公務員特例法の条文である。　❶第13条　❷第21条　❹第22条　❺第23条
問25　ア．秘密　イ．地方公務員法　ウ．食育基本法　エ．子どもの読書活動の推進に関する法律

小学校教員の専門常識・基礎知識
総まとめ問題集

問27 次の学校における食育に関する文で、正しいものは、どれか。

❶ 小学校で、食育の指導をするのは、栄養教諭だけである。
❷ 子どもが、食に対して正しい知識と、望ましい習慣をつけるには、学校と家庭・地域が連携し、日々の生活の中の食育が必要である。
❸ 食育を効果的に進めるには、子どもの健康状態を正確に把握し、適切な食に関する指導の全体計画を作成し、計画的、継続的に指導することが重要である。

問28 次の子どもの読書活動の推進に関する法律の条文で（　　　）に入る語句を答えなさい。

子どもが、言葉を学び、（ ❶ ）、（ ❷ ）、（ ❸ ）、（ ❹ ）を身に付けていく上で欠くことのできないものであることにかんがみ、すべての子どもがあらゆる機会とあらゆる場所において自主的に読書活動をおこなうことができるよう、積極的にそのための環境の整備が推進されなければならない。

問29 いじめ防止対策推進法の第2条1項の「いじめの定義」について（　　　）に入る語句を答えなさい。

この法律において「いじめ」とは、児童等に対して、当該児童等が在籍する学校に在籍している等当該児童等と一定の人的関係にあるほかの児童等がおこなう（ ❶ ）な影響を与える行為（インターネットを通じておこなわれるものも含む）であって、当該行為の対象となった児童等が（ ❷ ）を感じているもの。

答え

問26 ❷❸　問27 ❶感性を磨き ❷表現力を高め ❸創造力を豊かな者にし ❹人生をより深く生きる力　（❶〜❹は順不同）　問28 ❶心理又は物理的 ❷心身の苦痛

問30 地方公務員第38条では、教員の営利目的の行為が制限されている。制限に抵触するものをすべて挙げなさい。

❶ 休日に手作りアクセサリーをつくり、販売するようになった。
❷ 兄夫婦が経営する飲食店が株式会社になった。兄に依頼され、役員として登記された。休日にその飲食店を手伝うが、報酬は受け取っていない。
❸ 休日に両親の所有する畑で農作業をしている。あまった農作物を近所に無料で配っている。
❹ 休日に趣味で歴史の研究をしている。知人に頼まれ、「メソポタミア文明」という講座の講師をした。講座は休日なので引き受けた。終了後交通費を受け取った。

問31 いじめの早期発見に関する状況のうち、小学校教員として望ましいものに○、望ましくないものに×をつけなさい。

❶ いつも元気で明るい子どもAだが、ここ数日ふさぎ込んでいる。なにかあったのかもしれないと、「調子はどう？」尋ねた。
❷ いつも理不尽な要求をしてくる、いわばモンスターペアレントのBさんが、「うちの子どもがC君から無視されていて学校へ行きたくないと言っている」と電話があった。C君は学級委員にも選ばれるような子どもで、クラスメートを無視するとは考えにくい。念のためC君に確認したところ、全く覚えがないということだった。その旨をBさんに連絡した。
❸ 子どもDが「先生、Eちゃんがいじめられているみたい」と言ってきた。すぐに、学年主任にそのことを話し、対策を協議した。子どもDが言ったことの信憑性は高くないが、学校の教職員全体で共有する必要があるということになり、学年主任が校長に報告した。

答え

問29 ❶❷　問30　❶○　❷×　❸○

索引 【INDEX】

数字

10年経験者研修 …………… 54,55
21世紀型能力 ………………… 126

英字

ADHD ………………………… 112
ALT …………………………… 27
CCSS ………………………… 124
GHQ ………………………… 94,95
LD …………………………… 112
NCLB法 ……………………… 124

あ行

アクティブ・ラーニング …… 132,133
いじめ ……………………… 100,154
いじめ防止対策推進法 …… 100,154
一般教養試験 ………………… 80
ヴィゴツキー ………………… 123
ヴント ………………………… 123
エビングハウス ……………… 123
エリクソン …………………… 123
オールポート ………………… 123
オペラント条件づけ ………… 123

か行

介護休暇 ……………………… 37
カウンセリング・マインド … 123
課外活動 ……………………… 167
学習指導 ……………………… 52
学習障害 ……………………… 112
学制 ………………………… 94,96
学年主任 …………………… 20,21
学級経営研究会 ……………… 106
学校運営 ……………… 20,48,49,51
学校管理職 ………………… 54,159
学校給食 …………… 27,95,138,144
学校教育法 ………… 20,23,24,96,97
学校図書館法 ………………… 27
学級崩壊 ……………………… 106
義務教育 ……… 24,77,94,97,99,125
虐待 ……………………… 104,105
キャッテル …………………… 123
教育委員会 ………………………
　　21,22,26,54,55,56,57,58,59,107,
　　110,129,140,141
教育課程 …………… 51,54,57,95,122
教育基本法 ……………… 24,25,94,96
教育公務員特例法 …………………
　　37,54,55,81,140,141
教育実習 ……………………… 74
教育職員免許法 ‥ 11,12,68,70,79,86
教育振興基本計画 …………… 25
教育心理学 ………………… 122,123
教育長 ………………………… 21
教育勅語 ……………………… 94
教育の機会均等 …………… 25,125
教育を受ける権利 …………… 24
教員研修 ……………………… 54
教員採用試験 ………………… 76
教員資格認定試験 …………… 69
教員免許状 ………………… 68,70,72
教員免許更新制度 …………… 73
共済組合 ……………………… 38

教員の任命権者	141
教職教養	77,80,81
教頭	20,21,22,23,26,54,56,57
教務主任	20,51
教諭	20,21
クラブ活動	162
クレッチマー	123
クロンバック	123
ケーラー	123
結晶性知能	123
県費負担教職員	35
校外学習	166
校長	20,21,22,23,26,54,56,57
校務分掌	49,56,57,58
互助会	38
個人情報保護法	148
子どもの看護休暇	37
子どもの読書活動の推進に関する法律	145

さ行

採用面接	82,83
サイン・ゲシュタルト説	123
時間外勤務	58
司書教諭	27
実技試験	84
児童虐待	104,105,106,113,143
指導教諭	22,34
児童福祉法	142
児童理解	52
自閉症	114,115
事務職員	20,21,26,55
社会教育	25
集団宿泊的行事	164
主幹教諭	20,22,34,51,57
生涯学習	25,125
少人数学級	120
食育基本法	144
私立学校	25,35,36,68,86,87,147

新教育基本法	94,97
新教育長	21
人権教育	128
初任者研修	54,55,58
心理療法	81
スキナー	122,123
スクールカウンセラー	27,101
性的発達段階説	122,123
生理休暇	37
全教科学級担任制	156
専修免許状	13,68
専門教養試験	81
総合的な学習の時間	50,81,130,131,144,167
ソーンダイク	123

た行

第一種免許状	68,70
退職金	40
第二種免許状	68,69,70
体罰	93,103,108,109
体罰と懲戒の違い	108
地方公務員法	140,141
注意欠陥多動性障害	112,149
長期勤続休暇	37
著作権法	146
通信教育	72
チーム・ティーチング	106,115
寺子屋	94,96
道具的条件付け	123
トールマン	123
特別支援教育コーディネーター	149
特別選考枠	87
特別免許状	12,68,70,71
独立行政法人 教育研修センター	54

な行

日本国憲法 …………… 24,25,95,96
日本人学校 …………………… 22,23
認知的発達段階説 ……………… 122
ネグレクト ……………………… 104
年間行事 ………………………… 51
望ましい集団活動 ……………… 158

は行

ハヴィガースト ………………… 123
発達障害者支援法 ……………… 149
発達段階説 ………………… 122,123
発達の最近接領域 ……………… 123
パブロフ …………………… 122,123
藩校 ……………………………… 96
ピアジェ ………………………… 123
秘密を守る義務 ………………… 141
病気休暇 ………………………… 37
フィンランド ………… 98,120,125
副校長 ……………… 20,22,23,26,57
普通免許状 ……… 12,13,67,68,70,71
不登校 …………………… 102,103
ブルーム ………………………… 123
フロイト …………………… 122,123
保健指導 ……………………… 20,57
補助教員 ………………………… 27
ボランティア休暇 ……………… 37

ま行

マズロー ………………………… 123
明治天皇 ………………………… 95
モンスターペアレント ………… 110
森有礼 …………………………… 96

や行

山縣有朋 ………………………… 95
ゆとり教育 ……………………… 98
ユング …………………………… 123
養護教諭 …………… 12,20,21,70,71

ら行

臨時的任用教員 …………… 86,140
臨時免許状 …………………… 70,71
レヴィン ………………………… 123
労働組合 ……………………… 40,58
ロジャーズ ……………………… 123

わ行

ワトソン ………………………… 123

参考図書

(著者名／発行年／タイトル／発行元)

- 長瀬 拓也／2014 (平成26) 年／ゼロから学べる学級経営―若い教師のためのクラスづくり入門／明治図書
- 教師みらいプロジェクト著／2014 (平成26) 年／スペシャリスト直伝　失敗から学ぶ　学級づくり・授業づくり　成功の極意／明治図書
- 西林 克彦 他／2014 (平成26) 年／教師をめざす (教員養成のためのテキストシリーズ)／新曜社
- 時事通信出版局／2014 (平成26) 年／教職教養の過去問 (2016年度版 教員採用試験 PassLine 突破シリーズ4)／時事通信社
- LEC東京リーガルマインド／2014 (平成26) 年／これだけ覚える教員採用試験小学校全科〈'16年版〉／成美堂出版
- 資格試験研究会／2014 (平成26) 年／教員採用試験 教職教養らくらくマスター 2016年度／実務教育出版
- 森川輝紀／2014 (平成26) 年／教員をめざす人の本〈'15年版〉／成美堂出版
- 成田 喜一郎、長瀬 拓也／2014 (平成26) 年／教師になるには (教員採用試験シリーズ)／一橋書店
- 資格試験研究会／2014 (平成26) 年／教員採用試験 一般教養らくらくマスター 2016年度／実務教育出版

おわりに

　小学校の教員に求められている資質・能力は、時代とともに大きく変化しています。現在、教員に求められる資質・能力は、明るく、優しく、温かい、タフな人間力です。

　教室にやってくる子どもたちの家庭背景はきわめて多様です。家庭的な悲しみや息苦しさを抱えている子ども、貧困の中で親からの精神的・物質的な保護を十分に受けることのできない子ども、外国籍や文化の異なる家庭の子ども——などおります。

　教員が第一に取り組まなければならない仕事は、これらの多様な子どもたちが、相互に認め合い、支え合い、高まっていくことのできるような集団生活を体験させることです。子どもたちが学校で、みんなと一緒に心豊かに生きていると実感できるようにすることです。それぞれの子どもにとって「一生もの」の時間を与えていくことです。教員の仕事は、学級をそのような学習・生活集団へと構築していくことなのです。教員には、そのためのリーダーとしての資質・能力が求められているのです。

　ですから、教員には、「人間通」になること、タフな「人間力」を身に付けること、多くの人から信頼され協力を得られるように「人間性」を磨くことが必要なのです。

　多くの小学校の教員たちから、街で卒業生と出会ったとき、その成長に驚かされることがとても嬉しいと聞きます。「たいへんだった子ども」ほど、教師は卒業後も心に残っています。だからこそ、大人として成長した姿で再会することは、大きな喜びなのです。

　確かに小学校の教育をめぐる問題は多くあります。困難さやたいへんさに関する情報も、みなさんの耳に多く伝えられていると思います。

　しかし、小学校の教師は、人間の素晴らしさに感動し、それにかかわることができ、人生の豊かを実感できる仕事です。そのようにやりがいのある仕事です。

　本書を読んだみなさんが、希望を持って小学校教員への道を歩み、将来、教員として、多くの子どもたちの心に明るさ、優しさ、温かさを伝えることを期待しています。

早稲田大学　研究室にて

早稲田大学　教育・総合科学学術院教授　藤井　千春

■ 監修

藤井 千春

早稲田大学教育・総合科学学術院教授、教育学博士。
同志社大学文学部文化学科卒業、筑波大学大学院博士課程教育学研究科修了。茨城大学教育学部助教授など歴任。専門はアメリカの哲学者ジョン・デューイの教育思想。著書に『問題解決学習のストラテジー』『子ども学入門』『問題解決学習の授業原理』(いずれも明治図書) などがある。

■ STAFF

デザイン	高橋フミアキ事務所
	F's factory
イラスト	前野 コトブキ
写真協力	アフロ
	アマナイメージズ
	イメージナビ
	法務省
編集協力	スタジオダンク
	高橋フミアキ事務所

受験する前に知っておきたい

小学校教員の専門常識・基礎知識

監修	藤井　千春
発行者	田仲　豊徳
発行所	株式会社滋慶出版／つちや書店
	〒150-0001
	東京都渋谷区神宮前3-42-11
	TEL 03-5775-4471
	FAX 03-3479-2737
	E-mail　shop@tuchiyago.co.jp
印刷・製本	日経印刷株式会社

© Jikei Shuppan Printed in Japan　　　　　http://tuchiyago.co.jp

落丁・乱丁は当社にてお取かえいたします。
許可なく転載、複製することを禁じます。

この本に関するお問合せは、書名・氏名・連絡先を明記のうえ、上記FAXまたはメールアドレスへお寄せください。なお、電話でのご質問はご遠慮くださいませ。またご質問内容につきましては「本書の正誤に関するお問合せのみ」とさせていただきます。あらかじめご了承ください。